성경과의 만남

킹 제임스 성경 영문법

지은이

함 시 영

솔로몬

King James Version English Grammar

by

Si Yeong Ham

2000
Solomon Press
Seoul, Korea

서 문

세속권과 교권을 군주 한 몸에 집중시키는 '황제교황주의'(Caesaropapism)를 주창하고, 동생 Edward VI세(재위 1547~53)의 친프로테스탄트 정책과 언니 Mary I세(재위 1553~58)의 친가톨릭 정책을 반대하여 중도노선 정책(Via Media Policy)을 펼쳤던 Elizabeth I세의 오랜 통치(재위 1558~1603)는 1603년 3월 24일 그녀의 서거로 끝났다.

그래서 영국의 Tudor 왕가가 막을 내리고 Stuart 왕가가 시작되었다. Stuart 왕가의 첫 번째 왕은 열렬한 가톨릭 신봉자인 스코틀랜드 여왕 Mary Stuart(Elizabeth I세에 의해 1587년에 처형당함)의 아들 James VI세(1567년 스코틀랜드 국왕으로 즉위)가 영국 왕 James I세로 즉위했다(재위 1603~25). 그 당시 영국에서 약 천 명의 청교도들이 James I세에게 큰 기대를 걸고 교회 개혁을 위해 '천인청원서'(Millenary Petition)을 제출했다. James I세는 마지못해 1604년 1월 '햄튼궁중회의'(Hampton Court Conference)를 소집했다. 그 회의에서는 청교도들이 제출한 의견은 수납되지 않고 그대신 청교도 대표로 참석한 옥스퍼드 대학 교수 Reynolds의 제안으로 새로운 성경번역 사업이 행해져 킹 제임스 역(King James Version ; 흠정역 성경 : Authorized Version ; James I세가 친히 제정하거나 그의 명령으로 제정된 성경역본)이 태어났다.

James I세는 다음과 같이 공언할 정도로 청교도들과는 사이가 좋지 않았다. '감독(주교) 없이는 국왕도 없다' '장로회와 군주정치를 양립시키는 것은 하나님과 마귀의 융합처럼 불가능한 일이다'. 마침내 James I세는 Reynolds을 향하여 '자신은 청교도들을 순응시키든지 아니면 그들을 나라 밖으로 쫓아내든지 혹은 그 이상의 괴로움이라도 가할 것이다'라고 비난을 퍼부었다. 그래서 1620년 120명의 청교도들이 May

Flower호를 타고 영국 Plymouth를 떠나 미국 뉴잉글랜드로 자의반 타의반 이민을 갔다.

더욱이 전해오는 이야기에 의하면 James I 세는 타고난 술꾼에다가 공공연히 말하기도 부끄러운 온갖 악한 습성에 빠져 있는 사람이었다고 한다. 그는 영국 왕으로서 외교적인 목적으로 자기 자녀들을 마치 저당물처럼 아무 데로나 시집 장가 보내는 폭군이었다. 또한 그는 포도주와 여자를 위해서 국고를 낭비하는 무 절제하는 군주이기도 했다. 이처럼 거의 모든 면에서 왕답지 않은 그를 J. R. Green은 이렇게 묘사했다. '커다란 머리에 침을 질질 흘리는 혀, 천박하게 누빈 옷들, 흔들흔들하는 다리, 희번덕거리는 눈동자, 그 수다스러운 말투에 있어서 헨리 왕이나 엘리자베스 여왕과는 완전히 대조적인 괴상한 몰골의 소유자였다. 게다가 조잡한 익살과 추태, 학자인 척하는 태도이며 그 경멸스러운 소심함이란…'

그러나 하나님께서는 바로 이 쓸모없는 인간으로 하여금 학자들을 모으게 하시고 권위있는 성경을 완성케 하셨으니 이는 불가사의한 사건임에 틀림없다. 중요한 것은 인간의 공적과는 아무 상관없이 역사를 이끌어 가시는 하나님의 섭리일 뿐이다.

킹 제임스 역은 William Tyndale 성경 역본을 근간으로 해서 이루어졌으며, 킹 제임스 역을 기초로 해서 1885년에 The Revised Version (The English Revised Version)이, 1901년에 American Standard Version이, 1946년(구약)과 1952년(신약)에 The Revised Standard Version이, 1978년에 The New International Version이 탄생하게 되었다. 킹 제임스 역은 영미인들의 사고를 지배하여 왔고 영어와 영문학의 발전에 지대한 공헌을 해왔다.

필자는 진정으로 성삼위 하나님의 영광을 위해서 어떠한 일을 할 것인가에 대해 오랜 세월동안 숙고해왔다. 그래서 내린 결론은 하나님 말씀을 풍성하게 해서 독자들에게 영적 활력소를 공급하자는 것이었다. 뉴 밀레니엄 세대를 맞이해서 솔로몬 출판사가 야심작으로 킹 제임스 역을 근간으로 한 영문법을 한국 기독교계에 내놓게 되었다. 이러한 시도는 교회사 뿐만 아니라 세계사적으로 초유의 사건이다.

먼저 필자는 킹 제임스 역을 읽는데 독자들에게 도움이 되도록 간략하게 17세기 핵심문법을 수록해 놓았다. 킹 제임스 역은 약 400년 전에 완성되었기 때문에 현대영어와 영문법과는 상당한 차이점이 있지만 될 수 있는 대로 21세기 관점에서 영문법을 시도해보았다. 여의치 않을 경우에는 RSV(The Revised Standar Version)와 NIV(The New International Version)을 참조했다. 그래서 이 영문법은 고대문법을 다루는데 그 목적을 둔 것이 아니라 400년 전 시대의 문법을 21세기의 문법에 적용하는 데 그 목적을 두었다. 17세기 영문법과 영어의 변천을 연구하려는 독자들에게는 대단히 송구스러울 뿐이다.

추후에 킹 제임스 역 전체를 어휘, 독해 방법, 영작문, 회화 등의 관점에서 분석하려고 한다. 이미 필자는 NIV 성경을 근간으로 해서 이러한 시도를 하고 있다. 아무쪼록 하나님의 말씀이 이 조국 위에 풍성히 임해서 수난으로 점철되어왔던 한 민족이 역동적인 하나님의 말씀에 힘입어 세계사에 커다란 발자취를 남겼으면 한다.

이 책이 세상에 나올 수 있도록 인내와 지혜를 주신 성삼위 하나님께 영광을 바친다. 이 책의 탄생을 고대하며 기도해주고 격려해주며 원고 정리 해준 여러 동역자들에게 사랑의 빚을 졌다. 그들의 삶이 우리 주 예수 그리스도 안에서 승리의 생활이 되기를 기원한다. 끝으로 이 책의 출판을 허락해주신 솔로문 출판사 박영호 사장님께 깊은 감사를 드린다.

뉴 밀레니엄 세대를 맞이하면서
서초동 연구실에서
함 시 영 목사

목 차

동명사

분 사

시 제

조동사

수동태

가정법

관계사

접속사

형용사와 비교

전치사

명 사

관 사

대명사

부 사

도 치

킹 제임스 성경 영문법

17세기핵심문법

주어가 1인칭

현대 영어와 차이점이 별로 없음(단수 소유격은 my와 mine가 있음 ; 단어가 모음이나 일부 h로 시작되는 단어 앞에 my 대신 mine을 사용함)

주어가 2인칭

격변화

단수

주격 : thou(다우)
소유격 : thy(다이;뒤에 오는 단어가 모음으로 시작되거나 일부 h로 시작되는 단어 앞에 thine을 대신 사용함)
목적격 : thee(디이)
소유 대명사 : thine(다인)

1. Trust in the LORD with all thine heart; and lean not unto thine own understanding.
   네 마음을 다하여 야훼를 신뢰하고, 네 자신의 명철을 의지하지 말라(잠3:5)
2. But now thus saith the LORD that created thee, O Jacob, and he that formed thee, O Israel, Fear not: for I have redeemed thee, I called thee by thy name; thou art mine.
   이제, 오 야곱아, 너를 창조하신 야훼께서 이같이 말씀하신다. 오 이스라엘아, 너를 조성하신 이가 말씀하신다. 두려워 말라. 내가 너를 구속하였고 내가 너를 지명하여 불렀으니, 너는 내 것이라(사43:1)
3. All mine are thine, and thine are mine.
   제(예수님)것은 모두 당신(아버지) 것이며 당신 것은 제 것입니다(요17:10)

복수

주격 : ye(위~), 나머지는 현대 영어와 동일함

I am the vine, ye are the branches: He that abideth in me, and I in him, the same bringeth forth much fruit: for without me ye can do nothing.

나는 포도나무요 너희는 가지다. 그가 내 안에 내가 그 안에 있으면 그 사람은 과실을 많이 맺는다. 왜냐하면 나를 떠나서는 너희가 아무 것도 할 수 없기 때문이다(요15:5)

동사의 형태

Be : thou 때에만 변형

직설법 현재 : art(아~ㅌ)

직설법 과거 : wert(우어ㄹㅌ)

Have, Do : thou와 he, she 때에만 변형

현대영어	인 칭	현 재	과 거
have	thou	hast	hadst
	he/she	hath	hadst
do	thou	doest dost	didst
	he/she	doeth doth	didst

일반동사

직설법 2인칭 : 단수 현재 및 과거의 어미는 (e)st (동사의 끝이 'e'로 끝난 경우 st만 붙임)

직설법 3인칭 : 단수 현재의 어미는 (e)th (동사의 끝이 'e'로 끝난 경우 th만 붙임)

조동사

현대영어	인 칭	현 재	과 거
will	thou	wilt	wouldest wouldst
shall	thou	shalt	shouldest shouldst
can	thou	canst	couldest couldst
may	thou	mayest mayst	mightest

KJV
영문법

1. God hath said, Ye shall not eat of it, neither shall ye touch it, lest ye die.
   하나님께서 다음과 같이 말씀하셨다. 너희는 그것을 먹지도 말고 만지지도 말라. 그렇지 않으면 너희가 죽게 될 것이다(창3:3)
2. Thou in thy mercy hast led forth the people which thou hast redeemed: thou hast guided them in thy strength unto thy holy habitation.
   당신께서 구속하신 백성을 은혜로 인도하셨습니다. 당신의 권능으로 그들을 당신의 성결한 처소로 인도하셨습니다(출15:13)
3. God said moreover unto Moses, Thus shalt thou say unto the children of Israel, The LORD God of your fathers, the God of Abraham, the God of Isaac, and the God of Jacob, hath sent me unto you: this is my name for ever, and this is my memorial unto all generations.
   하나님이 모세에게 다음과 같이 말씀하셨다. 너는 이스라엘 자손에게 이같이 말하라. 나를 너희에게 보내신 이는 너희 조상의 하나님 곧 아브라함의 하나님, 이삭의 하나님, 야곱의 하나님 야훼이시다 하라. 이는 나의 영원한 이름이요 대대로 기억할 나의 성호이다!(출3:15)
4. Thou wilt keep him in perfect peace.
   당신께서는 그를 온전히 화평 가운데서 지켜주실 것입니다 (사26:3)
5. Art thou he that should come? or look we for another?
   오실 분이 당신이십니까? 아니면 다른 분을 찾아야 합니까 (눅7:19)
6. Jesus answered and said unto her, If thou knewest the gift of God, and who it is that saith to thee, Give me to drink;thou

wouldest have asked of him, and he would have given thee living water.
예수께서 대답하여 다음과 같이 말씀하셨다. 네가 하나님의 선물과 또 네게 물 좀 달라 하는 이가 누구인줄 알았더라면 네가 그에게 구하였을 것이고 그가 생수를 네게 주었을 것이다(요4:10)

7. Flee fornication. Every sin that a man doeth is without the body; but he that committeth fornication sinneth against his own body.
음행을 피하라. 사람이 범하는 죄는 모두 몸 밖에 있지만 음행하는 자는 자기 몸에 죄를 짓는 것이다(고전6:18)

동사의 불규칙

현 재	과 거	과 거 분 사
beget	begat	begotten
break	brake	broke
build	builded	builded
climb	clomb	clomb
drink	drunk	drunken
drive	drave	driven
forget	forgat	forgot
help	holp	holpen
melt	melted	molten
speak	spake	spoke
stay	staid	staid
swear	sware	sworn
work	wrought	wrought

문 형

1형식 : 주어(은, 는, 이, 가) + 동사(다)

There(Here) is(are) + 주어 : ~이 있다

1. In the beginning was the Word.
   태초에 말씀이 계셨다(요1:1)
2. There was great joy in that city.
   그 도시에는 큰 기쁨이 있었다(행8:8)
3. The just shall live by faith.
   의인은 믿음으로 말미암아 살 것이다(롬1:17)
4. There is no respect of persons with God.
   하나님께서는 사람을 차별하지 않으신다(롬2:11)
5. There is no fear of God before their eyes.
   그들 눈앞에 하나님을 두려함이 없다(롬3:18)
6. There is no fear in love.
   사랑에는 두려움이 없다(요일4:18)

2형식 : 주어 + 동사 + 보어(주격보어 ; 이다, 되다, 하다)

1. Christ is the end of the law.
   그리스도는 율법의 마침이시다(롬10:4)
2. The kingdom of God is not meat and drink;but righteousness, and peace, and joy in the Holy Ghost.
   하나님의 나라는 먹는 것과 마시는 것이 아니요 오직 성령 안에서 의와 평강과 희락이다(롬14:17)
3. Christ(is)the power of God, and the wisdom of God.
   그리스도는 하나님의 능력이시요 하나님의 지혜이시다(고전1:24)

Become형 동사 + 명사/형용사(~가/이 되다): grow, get, go, come, run, fall, turn

1. The lions may grow weak and hungry.
   사자들이 약해져서 굶주릴 것이다(NIV;시34:10)
2. The third part of the waters became wormwood.
   물의 삼분의 일이 쓰게 되었다(계8:11)
   = A third of the waters turned bitter.(NIV;계8:11)

Remain형 동사 + 명사/형용사(계속해서 ~하다, ~한 상태가 되다) : keep, lie, hold, continue

1. He was lying fast asleep from weariness. So he died.
   그(시스라)는 지쳐서 깊이 잠들었고 그래서 죽었다(삿4:21)
2. A man who remains stiff-necked after many rebukes will suddenly be destroyed without remedy.

자주 책망을 받으면서도 고집만 부리는 사람은 예기치 않은 패망을 당하고 회복하지 못할 것이다(NIV;잠29:1)

3. The city lieth foursquare.
   그 성은 정사각형의 모양을 하고 있었다(계21:16)

감각동사(feel, smell, sound, taste) + 형용사

1. Silks feels smooth.
   비단은 감촉이 부드럽다
2. These flowers smells sweet.
   이 꽃은 냄새가 향기롭다
3. This may sound strange, but it is true.
   이 이야기가 이상하게 들리지 모르나 사실이다
4. The fruit tastes ripe.
   그 과일은 익은 맛이 난다

Prove(to be) = Turn out(to be) : ~임이 드러나다, 판명되다

The dog turned out(to be) a mad one. = The dog proved (to be) a mad one.

그 개는 미친개로 판명되었다

Seem = Appear : ~같이 보이다

If any man among you seems to be religious, and bridleth not his tongue, but deceiveth his own heart, this man's religion is vain.

너희 가운데서 믿음이 있는 것처럼 보이는 어떤 자라도 자기 혀를 제

어하지 아니하고 자신의 마음을 속인다면, 이 사람의 믿음은 헛된 것이다(약1:26)

Look + 형용사 = Look like : (외양이) ~보이다

1. Why does your face look so sad when you are not ill?
   너는 아프지 않으면서도 왜 안색이 좋지 않으냐?(NIV;느2:2)
2. Then I saw three evil spirits that looked like frogs.
   그리고 나는 개구리와 같이 생긴 더러운 영 셋을 보았다 (NIV;계16:13)

유사보어(완전한 문장에 추가되어서 주어에 대하여 보어의 관계에 놓여 있다는 점을 강조; 주어와 유사보어만을 문장에서 떼어 내어 그 사이에 be동사를 넣어 보면 완전한 문장이 성립됨)

1. All the people came running to them in the place called Solomon's Colonnade.
   모든 사람들은 솔로몬의 행각이라는 곳에 있는 그들(베드로와 요한)에게로 달려왔다(행3:11)
   = All the people ran when they came to them in the place called Solomon's Colonnade.
2. Naked came I out of my mother's womb, and naked shall I return thither.
   내가 모태에서 벌거벗어 나왔고 또한 아무 것도 가지지 않은 채 떠나갈 것이다(욥1:21)
   = I was naked when I came out of my mother's womb, and was naked when I shall return thither.

3형식 : 주어 + 동사 + 목적어(~을,를)

1. Thou shalt worship the Lord thy God, and him only shalt thou serve.
   주 너희 하나님께 경배하고 다만 그분만을 섬겨야한다(마4:10)
2. Upon this rock I will build my church;and the gates of hell shall not prevail against it.
   내가 이 반석 위에 내 교회를 세우리니 음부의 권세가 이기지 못할 것이다(마16:18)
3. In the world ye shall have tribulation. I have overcome the world.
   세상에서는 너희가 환난을 당하나 담대 하라. 내가 세상을 이기었노라(요16:33)

Explain, Introduce, Announce, Confess, Describe, Prove, Suggest, Propose, Introduce

주어+ 동사 + A(목적어) + to + B(목적격) =
주어 + 동사 + to + B(목적격) + that절
B에게 A를 ~하다

1. I will explain to her what this means.
   나는 그녀에게 이것이 무슨 뜻인지 설명하겠다
2. We announced to him our plan.
   우리는 그에게 우리의 계획을 발표했다
3. She described the scene to us.
   그녀는 우리에게 그 광경을 설명했다

4형식 : 주어 + 동사 + 간접 목적어(~에게) + 직접 목적어(~을, 를)

1. The Lord himself shall give you a sign.
   주께서 친히 징조를 너희에게 주실 것이다(사7:14)
2. I will give you rest.
   내가 너희를 쉬게 하리라(마11:28)
3. I will shew him how great things he must suffer for my name's sake.
   그가 내 이름을 위하여 해를 얼마나 받아야 할 것을 내가 그에게 보이겠다(행9:16)

4형식 ~>3형식(직접 목적어가 대명사일 때는 반드시 3형식으로 변형시킴)

Buy, Get, Make, Build : 주어 + 동사 +직접 목적어 + for + 간접 목적어

I will buy her a car. = I will buy a car for her.
나는 그녀에게 차를 사주겠다

Ask : 주어 + 동사 + 직접 목적어 + of + 간접 목적어

May I ask you a favor ? = May I ask a favor of you?
부탁을 하나 드려도 됩니까?

Play : 주어 + 동사 + 직접 목적어 + on + 간접 목적어

She played him a silly trick. = She played a silly trick on him.
그녀는 그에게 바보 같은 장난을 쳤다

기타 : 주어 + 동사 + 직접 목적어 +to + 간접 목적어

I will not give another my glory, neither graven images my praise.
= I will not give my glory to another, neither my praise to graven images.
나는 내 영광을 다른 자에게 내 찬송을 우상에게 주지 아니할 것이다 (사42:8)

간접 목적어를 문미로 보낼 수 없는 동사 : Envy, Save, Forgive, Pardon

1. I envy you your trip. 나는 당신의 여행을 부러워한다
   = I envy you.
   = I envy your trip.
2. God will forgive you your sin.
   하나님께서는 너의 죄를 용서해 주실 것이다

5형식 : 주어 + 동사 + 목적어(을, 하여금, 가, 이) + 보어(목적격 보어 ; 으로, 라고, 하게, 하도록, 되도록, 을)

1. A virgin shall call his name Immanuel.
   처녀가 그 아이 이름을 임마누엘이라 할 것이다(사7:14)
2. Make straight the way of the Lord.
   = Make the way of the Lord straight.
   주의 길을 곧게 하라(요1:23)
3. I will not leave you comfortless.
   나는 너희를 쓸쓸하게 두지 않겠다(요14:18)

사역동사와 지각동사

1. Let Moses sprinkle it toward the heaven in the sight of Pharaoh.
모세가 그것(가마 솥에 있는 그을음)을 바로가 보는 공중에 뿌려라 (출9:8)
= Have Moses toss it into the air in the presence of Pharaoh.(NIV; 출9:8)
2. Wherefore let him that thinketh he standeth take heed lest he fall.
그러므로 섰다고 생각하는 사람은 넘어지지 아니 하도록 주의하라 (고전10:12)
3. All the people saw him walking and praising God.
사람들은 모두 그가 걸어가면서 하나님을 찬양하는 것을 보았다 (행3:9)
4. He saw the city wholly given to idolatry.
그(바울)는 그 도시(아테네) 전체가 우상으로 가득한 것을 보았다 (행17:16)
5. I saw another mighty angel come down from heaven.
나는 다른 한 힘센 천사가 하늘로부터 내려오는 것을 보았다(계10:1)

주어 + 동사 + 가 목적어(it) + 목적격 보어 + 진 목적어 (to부정사, that절)

1. I have heard it said of you that when you hear a dream you can interpret it.
나(바로)는 네(요셉)가 꿈 이야기를 들으면 그것을 해석할 수 있다는 말을 들었다(NIV;창41:15)
2. Paul did not think it wise to take him.
바울은 그를 데리고 가는 것이 현명하다고 생각지 않았다(NIV;행15:38)

부정사

형태 : To + **동사의 원형**

기능

명사적 용법

1. (1) 주어(은, 는, 이, 가)

To obey is better than sacrifice, and to hearken than the fat of rams.

순종하는 것이 제사보다 낫고 경청하는 것이 수양의 기름보다 낫다(삼상15:22)

(2) 보어(~이다)

1) The fear of the LORD is to hate evil.

야훼를 경외하는 것은 악을 미워하는 것이다(잠8:13)

2) My meat is to do the will of him that sent me, and to finish his work.

내 양식은 나를 보내신 분의 뜻을 실천하고 그 분의 사역을 완성하는 것이다(요4:34)

(3) 목적어(~을, 를)

1) The next day Jesus decided to go to Galilee.
다음날 예수님께서 갈릴리로 떠나고자 하셨다(RSV;요1:43)

2) To do good and to communicate forget not.
= Forget not to do good and to communicate.
선을 행하는 일과 서로 나눠주는 것을 잊지 말라(히13:16)

2. 의문사 + to 부정사 = 의문사 + 주어 + should

1. 주어(은, 는, 이, 가)

How to begin is more difficult than where to stop (is difficult).
= How we should begin is more difficult than where we should stop (is difficult).
어떻게 시작하느냐 하는 것은 어디에서 멈추느냐 하는 것 보다 더 어렵다.

2. 보어(~이다)

The difficulty is which method to choose.
곤란한 점은 어느 방법을 취하는 가이다

3. 목적어(을, 를)

Better a poor but wise youth than an old but foolish king who no longer knows how to take warning.
가난하지만 슬기로운 젊은이가 더 이상 조언을 받아들일 줄 모르는 늙고 어리석은 왕보다 낫다(NIV;전4:13)

KJV 영문법

형용사적 용법(명사 + to 부정사)

1. 단순한 사실

We are regarded as sheep to be slaughtered.

우리는 도살당할 양같이 여김을 받는다(RSV;롬8:36)

2. Can의미를 포함

There was no water for the people to drink.

= There was no water that (= which) the people can drink.

사람들이 마실 물이 없었다(출17:1)

3. Should의미를 포함

Jesus knew that his hour was come that he should depart out of this world unto the Father.

= Jesus knew that his hour was come for him to depart out of this world unto the Father.

예수님께서는 이 세상을 떠나 아버지께로 마땅히 가셔할 때가 된 것을 아셨다(요13:1)

4. 단순한 미래를 의미

The time is come for thee to reap.

당신께서 추수할 시기가 되었습니다(계14:15)

5. Worth의 의미를 내포함

I saw another angel fly in the midst of heaven, having the everlasting gospel to preach unto them that dwell on the earth. = I saw another angel fly in the midst of heaven, having the everlasting gospel worth preaching unto them that dwell on the earth.

나는 또 다른 천사가 하늘에서 날아가는 것을 보았는데 그에게는 땅

에서 살고 있는 사람들에게 선포할 가치가 있는 영원한 복음이 있었다(계14:6)

6. 동격관계

I give unto you power to tread on serpents and scorpions, and over all the power of the enemy.

내가 너희에게 뱀이나 전갈을 짓밟고 원수의 힘을 모두 물리칠 수 있는 권세를 주었다 (눅10:19)

7. Be + To Do

(1) 예정 : ~하기로 되어있다, ~할 예정이다(be due to do = be scheduled to do)

Grace be unto you, and peace, from him which is, and which was, and which is to come

= Grace be unto you, and peace, from him which is, and which was, and which is due(= scheduled) to come

지금도 계시고 전에도 계셨고 또 장차 오실 그분으로부터 여러분에게 은혜와 평화가 있기를 기원한다(계1:4)

(2) 의무 : ~해야한다(must, should)

We must hold a feast unto the LORD.

= We are to hold a feast unto the LORD.

우리는 주의 절기를 지켜야 한다(출10:9)

(3) 가능 : ~할 수 있다(can; 주로 수동태, 부정문, 의문문 등에서 사용됨)

Joseph collected all the money that was to be found in Egypt and Canaan.

= Joseph collected all the money that can be found in Egypt and Canaan.

요셉은 이집트와 가나안 땅에서 찾을 수 있는 돈은 모조리 수거

했다(NIV;창47:14)

(4) 의도 : ~하고자 하다(intend to do)

If you are to speak English very fluently, you may as well go to America.

= If you intend to speak English very fluently, you may as well go to America.

영어를 능숙하게 하고자 한다면 미국에 가는 편이 낫다

(5) 운명 : ~할 운명이다(be destined to do = be doomed to do = be fated to do)

They were to be educated for three years, and at the end of that time they were to stand before the king.

= They were destined(= doomed, fated)to be educated for three years, and at the end of that time they were destined(= doomed, fated)to stand before the king.

그들은 삼 년 동안 교육을 받은 후에 왕을 섬길 수 있도록 되어있다(RSV;단1:5)

부사적 용법

목적(~려고, 고자, 하기 위하여, 할 목적으로)

To Do = So As To Do = In Order To Do = That(= So That, In Order That) + 주어 + May(= Can, Will) = For The Purpose Of ~ing = With A View(= An Eye) To ~ing = With The View(= The Object, The Intention Of) ~ing

So That = For That Reason = That Is Why = Therefore = Accordingly = Consequently = Then = So (결과) 그러므로, 그

래서, 그 때문에, 따라서

so that + 주어 + may(= can, will)과 차이점

1. 앞에 comma가 있는데 NIV성경에서는 이러한 차이점이 종종 무시됨.
2. 더구나 so that + 주어 + may/can/will의 해석도 '~하기 위하여'로 변역 하면 문장이 길 경우 다소 무리가 따르기 때문에 필자 스스로가 해석법을 모색해보았는데 그럴 경우에는 '그 목적은(= 그 의의는) ~이다'로 번역하면 무난하다고 생각함.

Not To Do = In Order(= So As) Not To Do = Lest(= For Fear) (That) + 주어 + (Should) = For Fear Of ~ing == That(= So That, In Order That) + 주어 + May(= Can, Will) Not ~하지 않도록, ~하지 않기 위하여, (Fear, Danger, Be Afraid 등과 같이 두려움, 위험을 나타내는 말 뒤에서) ~하지나 않을까 (하고)

For = For The Good(= Sake) Of = For One's Sake = In The Interest(s) Of = In The Causes Of = In Behalf Of = In One's Behalf Of ~을 위하여

1. I am come that they might have life, and that they might have it more abundantly.
   = I am come so(= in order)that they could(= would) have life, and so(= in order)that they could(= would) have it more abundantly.
   = I am come for them to have life, and for them to have it more abundantly.
   = I am come for them in order(= so as)to have life, and for them in order(= so as)to have it more abundantly.

= I am come that they might have life, and that they might have it more abundantly.

나는 그들(양들)로 생명을 얻고 또 풍성히 얻게 하려고 왔다(요 10:10)

2. Your iniquities have separated between you and your God, and your sins have hid his face from you, that he will not hear.

= Your iniquities have separated between you and your God, and your sins have hid his face from you, so that he will not hear.

= Your iniquities have separated between you and your God, and your sins have hid his face from you, therefore(= accordingly, consequently, so) he will not hear.

오직 너희 불법 때문에 너희는 하나님과 소외되었고 너희 죄 때문에 하나님은 얼굴을 너희로부터 감추셨다. 그래서 그분은 너희가 부르짖을 때에 듣지 아니하실 것이다(사59:2)

3. Thy word have I hid in mine heart, that I might not sin against thee.

= Thy word have I hid in mine heart, so(= in order) that I could(= would) not sin against thee.

= Thy word have I hid in mine heart, lest(= for fear)(that) I (should) sin against thee.

= Thy word have I hid in mine heart, for fear of sinning against thee.

= Thy word have I hid in mine heart, so as(= in order) not to sin against thee.

= Thy word have I hid in mine heart, not to sin against thee.

제가 당신께 범죄하지 않으려고 당신의 말씀을 제 마음에 두었습니다(시119:11)

4. There is no man that hath left house, or parents, or brethren, or wife, or children, for the kingdom of God's sake·
   = There is no man that hath left house, or parents, or brethren, or wife, or children, for the sake(= good)of the kingdom of God·
   = There is no man that hath left house, or parents, or brethren, or wife, or children, in the interests(= causes)of the kingdom of God·
   = There is no man that hath left house, or parents, or brethren, or wife, or children, in behalf of the kingdom of God.
   = There is no man that hath left house, or parents, or brethren, or wife, or children, in the kingdom of God's behalf
   하나님의 나라를 위하여 집이나, 부모나, 형제나, 아내나, 자녀를 버린 사람은 아무도 없다(눅18:29)

결과(그리고/그러나 ~하다)

1. You used your fame to become a prostitute.
   너는 명성을 의지하여 창녀 짓을 하였다(NIV;겔16:15)
2. only to do : ~이지만 ~하다, ~했으나 결국 ~했다
   You earn wages, only to put them in a purse with holes in it.
   = You earn wages, but put them in a purse with holes in it.
   너희가 품삯을 받아도 구멍 난 지갑에 넣는 격이 되었다(NIV;학1:6)
4. never to do : ~해서 결코 ~하지 않다, ~했으나 결국 ~하지 못하다
   Thy splendor are lost to thee, never to be found again!
   영화가 네(바벨론)게서 사라졌으며 다시는 그것들을 찾아볼 수 없을 것이다(RSV;계18:14)

KJV
영문법

(감정의) 원인(~해서, ~하니, ~하고는)

They were glad to hear the report and praised God.

그들은 그 보고를 듣고 기뻐서 하나님을 찬양했다(NIV;수22:33)

(판단의) 이유(~을 하다니, ~을 보니;주로 성질형용사가 쓰임;must be, cannot be, 감탄문)

How careless he is to commit such a blunder!

그런 실수를 하다니 그는 조심성이 전혀 없군!

조건(만약 ~한다면)

To hear him speak English, you'll take him for an American.

= If you hear him speak English, you'll take him for an American.

그가 영어로 말하는 것을 들으면 그를 미국인으로 잘못 알 것이다

양보(~에도 불구하고)

To do her best, she couldn't help it.

= Though(= Although, Even though, Even if) she did his best, she couldn't help it.

그녀는 최선을 다했지만 어쩔 수 없었다

형용사 수식(~하기에, ~할만큼)

Their feet are swift to shed blood.

그들의 발은 피를 흘리는 일에 빠르다(롬3:15)

의 미 상의 주 어

복문(절)인 문장을 단문으로 바꾸는 방법

1. that절의 주어가 본 주어와 같을 경우 : that절의 주어를 생략함
 (1) 접속사를 생략할 것(접속사는 절에만 필요함)
 (2) 조동사는 생략한 뒤 부정사 구문을 씀
 미래동사(want, intend, expect, wish, hope, promise, mean, be likely, be sure, be ready, be certain) + to**부정사일 경우 : 부정사의 시제가 본동사보다 하나 미래를 표시함**
 (3) They hope to see me. = They hope that they will see me.
 그들은 나를 만날 것을 희망한다
2. that절의 주어가 본 주어와 다를 경우(의미상의 주어가 목적어와 일치할 경우) : that절의 주어를 **목적어** + **부정사**로 바꿈
 They have made others to hope that they would confirm the word.
 = They have made others to hope to confirm the word.
 그들은 다른 사람들로 하여금 그 말을 확신하도록 바라게 하였다 (겔13:6)

의미상의 주어 : of / for + 목적격

1. (1) It + 성격 판단(사람의 성질이나 특징/ 인물 비평)의 형용사 (good, fine, bad, kind, unkind, wise, clever, stupid, foolish, silly, polite, thoughtful, considerate, cruel, rude, careful, generous) + Of + 목적격 + To Do

(2) It + 행위 판단의 형용사 + For + 목적격 + To Do

2. (1) 의미상주어는 Of + 목적격이며 형용사가 사람의 성질이나 특징을 드러내기 때문에 목적격을 본 주어로 고칠 수 있음

(2) For + 목적격일 경우의 형용사는 사람의 성질이나 특징이외의 것에 해당되기 때문에 목적격이 본 주어가 될 수 없음.

3. 사람을 주어로 쓸 수 없는 형용사 : convenient, necessary, difficult, important, impossible, possible, pleasant, easy, dangerous 등(명사로는 a pity)

(1) 단 전치사나 타동사의 목적어는 본 주어로 고칠 수 있음

(2) 부정사의 타동사나 전치사의 목적어가 생략되었을 땐 그 주어는 목적어에서 온 것으로 간주함

(3) 부정사의 동사가 자동사이거나(목적어가 필요 없음), 타동사나 전치사의 목적어가 그대로 있을 경우엔 틀린 문장임

4. easy, difficult, hard, dangerous 등의 형용사 : that절을 진주어로 쓸 수 없으며, 부정사구문을 진 주어로 써야함

1. It is fitting for the upright to praise him.

= The upright is fitting to praise him.(X)

= He is fitting for the upright to praise.(O)

(1) 형용사 fitting은 사람의 성격판단의 형용사가 아니기 때문에 for + 목적격(the upright)을 본 주어로 할 수 없음

(2) him은 동사 praise의 목적어이기 때문에 본 주어가 될 수 있음

(3) 정직한 자가 그분을 경외하는 것은 마땅하다(NIV : 시33:1)

2. It was good of you to come. = You were good to come.

(1) 형용사 good이 사람의 성격판단의 형용사이기 때문에 of + 목적격(you)을 본 주어가 될 수 있음

(2) 당신이 와 주셔서 감사합니다(NIV;행10:33)

부정사의 시제

형태

1. 단순 부정사 : to + 원형동사(부정사의 시제가 본문동사의 시제와 일치함)

   This gentleman seems to have been ill.

   = It seems that this gentleman was(= has been) ill.

   이 신사는 아팠던 것처럼 보인다

2. 완료 부정사 : to + have + p.p(부정사의 시제가 본분동사의 시제보다 하나 더 과거시제임;본동사가 현재일 땐 완료부정사는 과거 또는 현재완료로, 본동사가 과거시제일 땐, 완료부정사는 과거완료의 시제를 표시함)

   This gentleman seemed to have been ill.

   = It seemed that this gentleman had been ill.

   이 신사는 그 전에 아팠던 것처럼 보였다.

지 각 동 사

지각동사(see, behold, hear, feel, watch, observe, notice, perceive, look at, listen to) + 목적어 + 목적격 보어(원형동사;목적어와 목적어 보어의 관계가 능동, 완결된 동작 / 현재분사 : 능동 + 진행의 의미 / 과거분사 :목적어와 목적 보어 관계가 수동)

1. Yet have I not seen the righteous forsaken, nor his seed begging bread.
그러나 나는 의인이 버림을 당하거나 그 자손들이 구걸하는 것을 본 적이 없다(시37:25)
2. He saw the Spirit of God descending like a dove and lighting upon him.
그 분은 하나님의 영이 비둘기처럼 내려와 자기 위에 오는 것을 보았다(마3:16)
3. I heard, as it were the noise of thunder, one of the four beasts saying, Come and see.
나는 네 생물 중의 하나가 우레 같은 소리로 "와서 보라"하고 외치는 것을 들었다(계6:1)

사 역 동 사

Have(Make) + A(목적어 : 사람) + 원형동사 = Get + A(목적어 : 사람) + To Do = Have(= Make, Get) + A(목적어 : 사물) + p.p A를 시키다(하게 하다), A를 강제로 ~하게 하다 Let + A(목적어 : 사람) + 원형동사 = Permit(= Allow) + A(목적어 : 사람) + To Do A에게 ~하는 것을 허락하다, ~하게 하다, 시키다 (Let은 본인이 희망할 경우에 쓰며, 그렇지 않을 때는 Have, Make, Get를 사용함); Help + A(목적어) + 원형부정사(= To 부정사) A가 ~하도록 도와주다

1. He maketh me to lie down in green pastures.
= He makes(= has) me lie down in green pastures.
= He gets me to lie down in green pastures.

그 분은 나를 푸른 초장에 눕게 하신다(시23:2)

2. O let me not wander from thy commandments.
저로 하여금 당신의 계명에서 떠나지 않도록 해주세요(시119:10)
3. He made it known by sending his angel to his servant John.
그 분은 종 요한에게 천사를 보내 그것(예수 그리스도의 계시)을 알려주셨다(RSV;계1:1)
4. Saul's son Jonathan helped him find strength in God.
사울의 아들 요나단은 그(다윗)를 도와주어서 하나님 안에서 능력을 받도록 했다(NIV;삼상23:16)

부 정 사 의 부 정 : 부정어(not, never) + 부정사

1. It seemed good to the Holy Spirit and to us not to burden you with anything beyond the following requirements.
성령님과 우리 자신은 다음의 필요한 것 외에는 아무 짐도 여러분에게 지우지 않는 것이 좋다고 생각하였다(NIV;행15:28)
2. They were told not to harm the grass of the earth or any plant or tree.
그것들(메뚜기들)은 땅의 풀이나 푸성귀나 나무는 하나도 해하지 말라는 명령을 받았다 (NIV;계9:4)

Enough + (For + 목적격) + To Do = So(Such) + 형용사(부사) + As To Do (결과) ~하게도 하다, 매우(대단히) ~해서 ~하다, (정도) ~할 정도로 ~하다 = So + 형용사(부사;형용사 + A/An + 명사) + That + 주어 + 동사 = Such + A (An) + 형용사 + 명사 + That + 주어 + 동사 대단히 ~해

서 ~하다(That절의 주어가 본 주어와 같을 땐 생략하지만, 만일 본 주어와 같지 않을 땐 For + 목적격의 형태로 고쳐야함. 부정사 구문에서 타동사의 목적어가 본 주어와 같을 땐 생략하지만, 본 주어와 틀린 경우엔 반드시 써야함)
~ Such That = ~ So Great That 너무도 대단해서 ~하다

1. So great is thy power that thy enemies cringe before thee.
   = Thy power is so great that thy enemies cringe before thee.
   = Thy power is great enough for thy enemies to cringe before thee.
   당신의 능력이 매우 크기 때문에 원수들까지도 복종합니다(RSV;시 66:3)
2. All Israel raised such a great shout that the ground shook.
   이스라엘 백성 전부가 크게 환성을 질러 땅이 진동할 정도였다(삼상 4:5)
3. God so loved the world, that he gave his only begotten Son.
   하나님께서는 세상을 매우 사랑하셔서 하나밖에 없는 외아들마저 보내 주셨다(요3:16)

Too + 형용사(부사)+ (For + 목적격) + To Do 본 주어와 That절의 주어가 틀릴 경우에만 For+ 목적격을 사용함 = So + 형용사(부사) + That + 주어+ Not (결과) 대단히(너무) ~해서 ~할 수 없다, (정도) ~하기에는 너무 ~하다

1. I am too old to have an husband. = I am so old that I can't have an husband.

나는 너무 늙어서 재혼할 수 없다(룻1:12)

2. He is such a son of Belial, that a man cannot speak to him.
그는 벨리알의 아들인지라 어느 누구도 말을 붙일 수가 없다(삼상 25:17)

KJV 영문법

동명사

정의 : 동사 + 명사의 기능

형태 : 원형동사 + ~ing

기능 : 명사 기능

1. 주어(은, 는, 이, 가) : Circumcision is nothing, and uncircumcision is nothing, but the keeping of the commandments of God.
   할례를 받는 것은 아무 것도 아니며, 할례를 받지 아니하는 것도 아무 것도 아니로되, 오직 하나님의 계명을 지키는 것이 중요하다(고전 7:19)
2. 보어(~이다) : His forte is painting desolate landscapes.
   그의 특기는 적막한 풍경을 그리는 것이다
3. 목적어(~을, 를) : Ye know serving the Lord with all humility of mind, and with many tears, and temptations, which befell me by

the lying in wait of the Jews.

나에게 가해진 유대인들의 계략으로 인하여 온갖 겸손과 많은 눈물과 시련으로 주님을 섬겨왔음을 여러분은 알고 있다(행20:18~19)

동명사와 현재분사 구별

동 명 사	현 재 분 사
명사(동명사) + 명사(무생물): 앞의 명사 앞에 stress가 옴	형용사(현재분사) + 명사 : 명사에 steress가 옴
성격 : 복합명사	성격 : 수식 받는 명사가 의미상 주어 역활
용법 : 목적이나 용도 (~하기 위하여) a dancing hall = a hall for dancing 무도장 a sleeping bag = a bag for sleeping 등산용 침낭	용법 : 상태나 진행을 나타냄(형용사 역할 : ~하고 있는) a dancing girl = a girl who is dancing 잠자고 있는 소녀 a sleeping tiger = a tiger who is sleeping 잠자고 있는 호랑이

의 미 상 의 주 어

인칭대명사 : 소유격(원칙), 목적격(구어체) 사람,
생물 : 소유격, 목적격 무생물 명사,
지시 대명사 : 그대로 사용함

1. Who may abide the day of his coming?
   그 분이 오시는 날에 누가 견디어 낼 수 있느냐(말3:2)
2. When Elizabeth heard Mary's greeting, the baby leaped in her

womb, and Elizabeth was filled with the Holy Spirit.

= When Elizabeth heard Mary greeting, the baby leaped in her womb, and Elizabeth was filled with the Holy Spirit.

엘리사벳이 마리아의 인사를 듣는 순간 엘리사벳의 태중에 아기가 뛰었고 엘리사벳은 성령으로 충만했다(NIV;눅1:41)

시 제

형태

단순동명사 : 본동사와 시제와 동일

완료형 동명사 : 본동사 시제보다 하나 더 과거

미래동작을 의미하는 형용사, 동사, 명사(be sure of, be convinced of, intend, doubt, hope, possibility, likelihood) **등의 다음에 오는** that**절에 미래시제가 오고 본동사가 현재시제일지라도 단순동명사를 사용할 것**

1. I am sure that she will succeed.
   = I am sure of her succeeding.
   (1) 접속사 that을 생략하고 of를 씀(be sure of : ~을 확신하다)
   (2) that절의 주어 she는 본 주어 I와 다르기 때문에 소유격 her를 씀
   (3) be sure가 미래동작을 나타내기 때문에 that절에 미래시제 will이 사용 됨
   (4) 나는 그녀가 성공할 것을 확신한다
2. She was sure that he had arrived there by that time.
   = She was sure of his having arrived there by that time.
   (1) 접속사 that를 생략하고 of를 씀

(2) that절의 주어 she는 본 주어 I와 다르기 때문에 소유격 his를 씀
(3) that절의 동사 had arrived는 본동사 was보다 하나 더 과거시제이므로 완료형 동명사를 사용함
(4) 그녀는 그가 그때까지 그곳에 도착했다고 확신했다

동 명 사 와 부 정 사 의 구 별

Remember, Remind, Recall, Forget, Repent, Regret + to 부정사 : 미래(~해야 할 것을)/+ 동명사 : 과거(~했던 것을)

1. My heart is smitten, and withered like grass; so that I forget to eat my bread.
   내 마음은 완전히 상심해있고 풀같이 말랐기 때문에 저는 음식 먹는 것도 잊었습니다. (시102:4)
2. I regret not having worked harder before.
   전에 더 열심히 공부 안한 게 후회된다
3. I couldn't buy anything, because I forgot to bring my money.
   돈을 갖고 오는 것을 잊어서 아무 것도 살수가 없다

~을 필요로 하다, ~을 해야 한다 Want, Need, Require + 능동 동명사(~ ing)/+ 수동 부정사(to + be + p.p)

My watch doesn't work properly;it wants(= needs, requires) mending.

= My watch doesn't work properly;it wants(= needs, requires) to be mended.

시계가 제대로 작동되지 않는다. 수리해야 하겠다

KJV 영문법

Stop ~ing : ~하는 것을 그만두다(3형식)
Stop to 부정사 : ~하기 위해 멈춰서다(1형식)
Try ~ing : 시험삼아 ~ 하다(해보다)
Try to 부정사 : ~ 하려고 노력(시도)하다
Decide to do = Decide on ~ing : ~을 결정하다

1. Stop trusting in man.
   너희는 인생을 신뢰하지 말라(NIV;사2:22)
2. No one stops to think.
   아무도 생각하기 위해서 멈추지 않는다(NIV;사44:19)
3. I tried cheering myself with wine, and embracing folly.
   나는 술로 내 인생을 시험삼아 즐겁게 하고 어리석은 짓을 하여 낙을 누려보았다(NIV;전2:3)
4. Daniel, was watching the vision and trying to understand it.
   다니엘은 그 환상을 보고 그것을 이해하려고 노력했다(NIV;단8:15)
5. I have decided to assemble the nations, to gather the kingdoms and to pour out my wrath on them ~ all my fierce anger.
   내가 민족들과 왕국들을 모아서 불같이 타오르는 나의 분노를 쏟아놓기로 결정했다(NIV;습3:8)
6. What you decide on will be done.
   네가 결정한 계획은 성취 될 것이다(NIV;욥22:28)

동명사의 부정 : 부정어(not, never) + 동명사

Keep the Sabbath day holy by not doing any work on it,
아무 일도 하지 않고 안식일을 거룩하게 지켜라(NIV;렘17:24)

분 사

형태

현재분사 : 동사원형 + ~ing
과거분사 : p.p

종류

자동사 현재분사 : 진행(~하고 있는 ; 형용사절로 고칠 수 있음) 타동사 현재분사 : 능동이나 사역(~시키는. ~하게 하는) 자동사 과거분사 : 완료나 상태(~한, ~해버린) 타동사 과거분사 : 수동(~된, ~당한, ~받은)

1. A rolling stone gathers no moss.
   구르는 돌에는 이끼가 안 낀다
2. The broken window was replaced.
   깨진 창문이 대체되었다

KJV 영문법

3. The audience grew more and more excited.
   청중은 점점 더 흥분되었다
4. The football game was very much exciting.
   그 축구경기는 매우 흥미진진했다

명사 + 분사

명사 + 현재분사 = 명사 + 관계대명사 주격 + 동사(Be + ~ing) 명사 + p.p = 명사 + 관계대명사 주격 + Be + p.p

1. A word fitly spoken is like apples of gold in pictures of silver.
   = A word which(= that) is fitly spoken is like apples of gold in pictures of silver.
   경우에 알맞은 말은 은으로 색칠해있는 그림에 있는 금 사과와 같다 (잠25:11)
2. The water that I shall give him shall be in him a well of water springing up into everlasting life.
   = The water that I shall give him shall be in him a well of water which(= that)springs up into everlasting life.
   참으로 내가 주는 물은 그 사람 안에서 영원한 생명에 이르기까지 솟아오르는 샘물이 될 것이다(요4:14)
3. God that made the world and all things therein dwelleth not in temples made with hands.
   = God that made the world and all things therein dwelleth not in temples which(that) are made with hands.
   세상과 그 안에 있는 만물을 지으신 하나님은 사람의 손으로 만든 성

전에 계시지 않으신다(행17:24)

4. I saw as it were a sea of glass mingled with fire.
   = I saw as it were a sea of glass which(= that)was mingled with fire.
   나는 불이 섞인 유리 바다와 같은 것을 보았다(계15:2)

분 사 구 문

정의

부사절을 분사를 사용하여 구로 만든 것

만드는 법

1. 부사절의 접속사 제거 : 의미를 분명히 하기 위하여 분사 앞에 접속사(접속사 + 분사)를 붙이는 경우가 있음
2. 부사절의 주어 처리
   (1) 주절의 주어와 같음 : 생략
   (2) 주절의 주어와 다름 : 그대로 둠(독립분사 구문)
   (3) 비인칭 독립분사구문 : 분사구문의 주어가 we, you, they, people, one 등과 같이 일반인을 가리킬 땐, 의미상주어를 생략하는 것을 말함(부사 + 분사구문)
      1) strictly(roughly, frankly, biologically, generally) speaking = if we speak strictly(roughly, frankly, biologically, generally) 엄격하게(대강, 솔직하게, 생물학적으로, 일반적으로)말한다면

2) granting that : 비록 ~하지만
3) taking all things into consideration : 모든 것을 고려해 볼 때
4) seeing that : ~하기 때문에
5) considering one's age : ~의 나이에 비하면(for one's age)
6) talking of : ~로 말할 것 같으면
7) judging from : ~로 판단할 때

3. 부정 : 부정어(not, never) + 분사
4. 형용사, 명사, 과거분사 앞에 쓰인 Being(Having been)은 흔히 생략됨
5. 부사절 주어가 주절의 것과 같고 be동사이면 주어와 be 동사는 생략됨

시 제

단순형 분사 : 주절동사의 시제와 같음 완료형 분사 : 주절동사 시제보다 하나 더 과거시제

용 법

시간(~할 때 when, ~하는 동안 while, ~한 후에 after, ~하자마자 as soon as)

1. This is again the second miracle that Jesus did, when he was come out of Judaea into Galilee.
   = This is again the second miracle that Jesus did, coming out of

Judaea into Galilee.

이것은 예수님께서 유대에서 나와서 갈리리로 오셔서 행하신 두 번째 표적이었다(요4:54)

2. When he had removed him, he raised up unto them David to be their king.

= Having removed him, he raised up unto them David to be their king.

그 분께서 그(사울)를 제거하신 후에 다윗을 그들의 왕으로 세우셨다(행13:22)

3. When Paul perceived that the one part were Sadducees, and the other Pharisees, he cried out in the council, Men and brethren, I am a Pharisee, the son of a Pharisee: of the hope and resurrection of the dead I am called in question.

= Perceiving that the one part were Sadducees, and the other Pharisees, Paul cried out in the council, Men and brethren, I am a Pharisee, the son of a Pharisee: of the hope and resurrection of the dead I am called in question.

바울이 그들의 일부분은 사두개파 사람이요, 일부분은 바리새파 사람인 것을 알고서 산헤드린에서 외쳤다. '형제 여러분, 나는 바리새파 사람의 아들이다. 나는 죽은 사람들이 부활 할 거라는 소망 때문에 재판을 받고 있다' (행23:6)

이유, 원인(~이므로;as, since, because)

1. As(= Since, Because) Jesus was wearied with his journey, he sat thus on the well.

= (Being) wearied with his journey, Jesus sat thus on the well.

= Jesus, being wearied with his journey, sat thus on the well.

예수님께서는 길을 가시다가 피곤하시어 우물가에 앉으셨다(요4:6)

2. As(= Since, Because) he had loved his own which were in the world, he loved them unto the end.

   = Having loved his own which were in the world, he loved them unto the end.

   그 분(예수님)은 세상에 있는 자신의 사람들을 사랑하셨기 때문에 그들에게 사랑을 아낌없이 쏟으셨다(요13:1)

3. As(= Since, Because) they feared lest we should have fallen upon rocks, they cast four anchors out of the stern, and wished for the day.

   = fearing lest we should have fallen upon rocks, they cast four anchors out of the stern, and wished for the day.

   그들은 혹시 암초에 걸리지 않을까 하는 두려움 때문에, 그들은 고물에서 닻 넷을 던지고 날이 새기를 고대하였다(행27:29)

조건(~한다면 : if)

1. Toward thee, goodness; if thou continue in his goodness.

   = Toward thee, goodness, thou continuing in his goodness

   (1) 주절의 주어와 다르기 때문에 thou를 그대로 둠

   (2) 여러분이 그 분의 인자하심에 거한다면 그 분의 인자하심이 있을 것이다(롬11:22)

2. If we speak figuratively, he did receive him back.

   = figuratively speaking, he did receive him back.

   (1) 비인칭 독립분사구문 : 부사 + 분사

   (2) 비유하건대, 그(아브라함)는 그(이삭)를 다시 받았다(RSV;히11:19)

양보(비록 ~한다 할지라도;if, even if, even though, although, though)

1. Though I walk through the valley of the shadow of death, I will fear no evil: for thou art with me;thy rod and thy staff they comfort me.

   = Walking through the valley of the shadow of death, I will fear no evil: for thou art with me;thy rod and thy staff they comfort me.

   제가 걸어서 사망의 그림자가 있는 골짜기로 다닐지라도 저는 재해를 두려워하지 않을 것입니다. 왜냐하면 당신이 저와 함께 하시고 당신의 막대기와 지팡이가 저를 안락하게 하기 때문입니다(시23:4)

2. Though your sins be as scarlet, they shall be as white as snow; though they be red like crimson, they shall be as wool.

   =Being as scarlet, they shall be as white as snow;(being) red like crimson, they shall be as wool.

   너희 죄가 주홍 같을지라도 눈같이 희게 될 것이요, 진홍처럼 붉을지라도 양털같이 될 것이다(사1:18)

3. Though it tarry, wait for it. = It tarring , wait for it.

   그것(계시)이 시간이 걸릴지라도 기다려라(합2:3)

부 대 상 황

1. 동시동작 : 두 개의 동작이 동시에 발생하는 경우(~하면서, while, as)

   While(= As) she raised her hand, she stood up and answered.

   = Raising her hand, she stood up and answered.

   그녀는 손을 들면서 일어나 대답했다

2. 연속동작 : 두 개의 동작이나 사건이 연속적으로 일어나는 경우. 일반적으로 먼저 일어난 사건을 주절로 쓰고, 나중에 일어난 사건을 and + 동사, 또는 분사구문의 형태로 표현함(그리고 ~하다, and + 동사)

He made them a feast, and did bake unleavened bread, and they did eat.

= He made them a feast, and baked unleavened bread, and they ate.

= He made them a feast, baking unleavened bread, eating.

그(롯)는 그들(두 천사)에게 상을 차려주고 누룩 넣지 않은 빵도 만들어 주었다(창19:3)

With + 목적어 + 현재(과거)분사/부사(구)/형용사

1. With : 그 자체만으로는 뚜렷한 의미를 가지고 있지 않음.
2. Be동사를 넣으면 주어 + 술부의 관계가 됨.
3. 주절에 대하여 부대(주된 일에 곁 달아서 붙임)상황을 설명함.
4. With가 나오지 않는 경우도 있음.
5. 해석 : ~한 채

With + 목적어 + 현재분사 : 동사는 자동사이며, 목적어와 현재분사 관계가 능동 관계임

Saul abode in Gibeah under a tree in Ramah, having his spear in his hand, and all his servants were standing about him.

= Saul abode in Gibeah under a tree in Ramah, having his spear in his hand, all his servants (being) standing about him.(독립분사구문)

= Saul abode in Gibeah under a tree in Ramah, having his spear in his hand, with all his servants standing about him.

1. and ~를 분사구문으로 고치면, 접속사 and를 생략함
2. all his servants는 본 주어 Saul과 다르므로 그대로 둠
3. 동사 were standing은 being standing으로 고침. being은 생략될 수 있음
4. with + 목적어(all his servants) + 현재분사(standing)로 고침
5. 사울이 기브아 라마에 있는 한 나무 아래에서 창을 들고 앉아 있었고 신하들은 모두 그의 곁에 둘러 서 있었다(삼상22:6)

With + 목적어 + 과거분사 : 동사는 타동사이며, 목적어와 과거분사 관계가 수동 관계임

A throne stood in heaven, and one was seated on the throne!

= A throne stood in heaven, one (being) seated on the throne! (독립분사구문).

= A throne stood in heaven, with one seated on the throne! (부대상황).

1. and ~를 분사구문으로 고치려면, 접속사 and를 생략함
2. one은 본 주어 A throne과 다르므로 그대로 둠
3. 동사 was seated는 being seated로 고침. being은 생략될 수 있음
4. with + 목적어(one) + 과거분사(seated)로 고침
5. 하늘에 한 보좌가 놓여있고 그 보좌에 어떤 분이 앉아 계셨다 (RSV;계4:2)

With + 목적어 + 부사(구)

Joseph's brethren came, and bowed down themselves before him with their faces to the earth.
요셉의 형제들이 와서 그(요셉)앞에서 땅에 엎드려 절하였다(창42:6)

With + 목적어 + 형용사

1. Don't speak with your mouth full.
   입에 음식을 가득 넣은 채 말하지 말라.
2. The gentleman was sleeping with his mouth open.
   입을 벌린 채 그 신사는 자고 있었다.
3. The woman went out with her room empty.
   방을 비어둔 채 그 부인은 외출했다.

시 제

현재시제

용법일상습관과 사실

I die daily.
나는 날마다 죽는다(고전15:31)

불변의 진리, 사실, 속담

1. The LORD is my shepherd.
야훼는 나의 목자이시다 (시23:1)
2. The sacrifices of God are a broken spirit.
하나님께서 구하시는 제사는 상한 심령이다(시51:17)
3. The fear of the LORD is a fountain of life.
야훼를 경외하는 것은 생명의 샘이다(잠14:27)

미래대용 및 근접미래 : 왕래(go, come), 발착(start, leave, arrive), 개시(begin) 등을 나타내는 동사는 미래를 나타내는 부사(구)와 함께 현재시제의 형태로서 미래를 나타냄. 현재진행형 + 미래표시의 부사(구)도 가까운 미래를 의미함

1. I know that Messiah (called Christ) is coming.
   저는(그리스도라 불리우는) 메시야께서 오실 것을 알고 있습니다 (NIV;요4:25)
2. I am going away and I am coming back to you.
   내가 떠나서 너희에게 다시 올 것이다(NIV;요14:28)

시간과 조건 부사절에서는 현재시제가 미래시제를 대신함. 그러나 명사절이나 형용사절에서는 그대로 미래시제를 사용함

1. When he is come, he will tell us all things.
   그분(메시아)이 오시면 우리에게 모든 것을 설명하실 것입니다(요 4:25)
2. Do not harm the land or the sea or the trees until we put a seal on the foreheads of the servants of our God.
   너희는 우리가 우리 하나님 종들의 이마에 인장을 찍을 때까지 땅이나 바다나 나무들을 해하지 말아라(NIV;계7:3)

명사절과 형용사절

1. I will tell the woman when that gentleman will come.(명사절)
   나는 저 신사가 언제 올지를 그 여자에게 말해 주겠다

2. She doesn't know the time when they will come.(형용사절)
그녀는 그들이 돌아 올 시간을 모른다

과 거 시 제

과거의 동작, 상태, 습관

In the beginning God created the heaven and the earth.
태초에 하나님께서 천지를 창조하셨다 (창1:1)

미 래 시 제

단순미래(단순한 미래사항을 나타냄; 미어에서는 전부 will를 사용함)와 의지미래 (아래도표 참조)

종류 / 인칭	말하는 사람의 의지	듣는 사람의 의지	주어의 의지
1 인 칭	I will ~~	Shall I ~~?	I will ~~
2 인 칭	You shall~	Will you ~?	You will ~
3 인 칭	He shall~-	Shall he ~?	He will ~

의지미래 : 명령, 약속, 위협, 결심을 나타내기 때문에 이, 삼인칭에서는 '내가 당신에게 ~시키다' '내가 그에게 ~시키다' '식으로 해석해야 함. 그러기 때문에 다음과 같이 변형시켜서 사용하면 번역하면 매끄러운 문장이 됨

You shall do it. = I will let(make, have) you do it. = I will get you to do it.

KJV
영문법

단 순 미 래

1. Upright men will see his face.
   정직한 사람들은 그분의 얼굴을 볼 것이다(NIV;시11:7)
2. But the righteous will live by his faith.
   그러나 의인은 그 믿음으로 말미암아 살 것이다(NIV;합2:4)

의 지 미 래

1. She shall be called Woman.
   (1) 주어는 she이지만 말하는 사람의 의지이므로 '그녀는 여자라 불리울 것이다' 라고 번역하면 안됨
   (2) 이렇게 고쳐서 번역해야함
   I will let(= make, have) her call Woman.
   = I will get her to call Woman.
   내가 그녀를 여자라 부르겠다(창2:23)
2. They shall not enter into my rest.
   = I will not make(= have, let) them enter into my rest.
   = I will not get them to enter into my rest.
   나는 그들이 결코 나의 안식에 들어오지 못하게 할 것이다(히3:11)

현재완료(Have + p.p)

정 의

과거 어느 시점에서부터 현재까지의 완료, 결과, 경험, 계속을 표시 함

용 법

완료 : 과거에 시작되었던 동작이 막 완료된 것을 표시 (~을 방금 전/막 해버렸다 ; just, now, already, yet, recently, by this time 등의 부사와 함께 쓰임 ; just now는 과거시제와 함께 사용해야 됨)

A thousand years in your sight are like a day that has just gone by, or like a watch in the night.
당신의 목전에는 천년이 바로 지나간 하루 같으며 밤의 한 경점 같습니다 (NIV;시90:4)

결과 : 과거에 일어난 행위의 결과가 현재까지 지속되고 있는 상태(~해서 ~하다)

1. All we like sheep have gone astray; we have turned every one to his own way; and the LORD hath laid on him the iniquity of us all.
우리 모두는 양처럼 길을 잃어 각자 제 길로 갔으며 야훼께서는 우리 모두의 불법을 그 분에게 담당시키셨다(사53:6)
2. My people have committed two evils; they have forsaken me the fountain of living waters, and hewed them out cisterns, broken cisterns, that can hold no water.
내 백성이 두 가지 죄를 범했다. 이를테면 그들은 생수의 근원이 되는 나를 버린 것과 그들 자신의 물탱크, 곧 물을 저장할 수 없는 물탱크를 판 것이다(렘2:13)
3. We have found the Messias, which is, being interpreted, the Christ.
우리가 메시아(번역하면 그리스도)를 만났다(요1:41)

4. Who hath delivered us from the power of darkness, and hath translated us into the kingdom of his dear Son.
   하나님께서는 우리를 어두움의 세력에서 구원하시어 그 분이 사랑하는 아드님의 나라로 옮겨주셨다(골1:13)

경험 : ever, never, once, before, often, seldom 등과 함께 씀(과거에서 현재까지의 경험을 나타냄; 여태껏, 적, 난생처음)

1. come, go의 경험은 have been으로 씀
   (1) have been to(in)
      1) ~에 가 본적이 있다(경험)
         Have you ever been to New York?
         뉴욕에 가본 적 있니?
      2) ~에 갔다 왔다(완료)
         I have been to Kimpo Airport to see a friend off.
         나는 친구를 전송하러 김포공항에 갔다 왔다
   (2) have gone to : ~로 가버리다(결과;1인칭이나 2인칭을 주어로 삼을 수 없음)
      He is not here in Seoul ; he has gone to Pusan.
      그는 여기 서울에 없다. 그는 부산으로 가버렸다
2. Behold, tomorrow about this time I will cause it to rain a very grievous hail, such as hath not been in Egypt since the foundation thereof even until now.
   보라, 내일 이맘때에 내가 이집트가 세워진 이래로 지금까지 거기에 없었던 아주 심한 우박을 내릴 것이다(출9:18)
3. No one has ever gone into heaven except the one who came from heaven ~ the Son of Man.

하늘에서 내려온 이, 곧 사람의 아들 외에는 아무도 하늘로 올라간 적이 없다(NIV;요3:13)

계속 : since, for, how long, so (thus) far, these days 등과 함께 쓰임(쭉, 줄기차게, 내내)

상태의 계속 : 현재완료(have + p.p.)

동작의 계속 : 현재완료 진행형(have + been + ~ing)

1. O Israel, thou hast sinned from the days of Gibeah.
   이스라엘아, 너는 기브아에 살던 때부터 지금까지 계속 죄를 짓고 있다(호10:9)
2. Even from the days of your fathers ye are gone away from mine ordinances, and have not kept them.
   너희 조상 때에서부터 조차도 너희는 내 규례를 떠나 지키지 않았다 (말3:7)
3. This woman since the time I came in hath not ceased to kiss my feet.
   이 여인은 내가 들어올 때부터 계속 내 발에 입을 맞추는 것을 멈추지 않았다(눅7:45)

과거완료(Had + p.p)

정 의

어떤 과거를 기준으로 그때까지의 완료, 결과, 경험, 계속을 나타냄 (현재완료의 기준점은 현재이고, 과거완료의 기준점은 과거의 어느 정해진 때를 나타냄)

용 법

완 료

We had arrived at the house before night fell.

밤이 오기 전에 우리는 집에 도착했다

결 과

A woman having an issue of blood twelve years, which had spent all her living upon physicians, neither could be healed of any.

12년 동안 피를 흘리며 앓던 한 여인이 일생동안 의사들을 찾아 다녔지만 어느 의사도 그녀를 고칠 수 없었다(눅8:43)

경 험

Now I had not been beforetime sad in his presence.

나는 이전에 그의 면전에서 슬픈 빛을 띈 적이 없었다(느2:1)

계 속

He had always been on friendly terms with David.

그(두로의 히람왕)는 평소에 다윗과 친분이 좋았다(NIV;왕상5:1)

대과거 : 어떤 특정한 과거 보다 시간적으로 앞선 과거를 나타냄(나중 일어난 일 + 먼저 일어난 일; 먼저 일어난 일은 had + p.p.형태를 사용;전후가 분명한 after/before절에선 과거완료대신 과거시제도 가능함)

1. He gave them in commandment all that the LORD had spoken with him in mount Sinai.

(1) He gave them in commandment all that : 나중 일어난 일
(2) the LORD had spoken with him in mount Sinai : 먼저 일어난 일
(3) 그(모세)는 야훼께서 시내산에서 자기에게 이르신 계명을 모두 그들에게 전해주었다(출34:32)

2. Now when the apostles which were at Jerusalem heard that Samaria had received the word of God, they sent unto them Peter and John.
(1) Now when the apostles which were at Jerusalem heard that : 나중 일어난 일
(2) Samaria had received ~ : 먼저 일어난 일
(3) 예루살렘에 있는 사도들은 사마리아 사람들이 하나님의 말씀을 받아들였다는 말을 듣고 그들에게 베드로와 요한을 보냈다(행 8:14)

미래완료(Will/Shall + have + p.p.)

정 의

미래의 어느 시점을 기준으로 하여 그 때까지의 동작 상태의 완료, 결과, 경험, 계속을 나타냄(by의 부사구나 부사절을 동반할 때가 많음)

용 법

완 료

She will have finished her work by tonight.
오늘밤까지는 자신의 일을 끝내게 될 것이다

결 과

When they shall have finished their testimony, the beast that ascendeth out of the bottomless pit shall make war against them, and shall overcome them, and kill them.

그들이 증거하는 일을 마치면 무저갱에서 올라오는 짐승이 그들과 싸워 이겨 죽일 것이다(계11:7)

경 험

He will have seen much of the world by that time.

그는 그때까지는 세상 경험을 많이 하게 될 것이다

계 속

She will have been in Seoul for a year by next month.

그녀는 다음 달이 되면 1년간 서울에 있게 된다

시간과 조건 부사절에서는 현재완료 미래 완료를 대신함. 그러나 명사절이나 형용사절 에서는 그대로 미래완료 시제를 써야함

1. I will draw water for thy camels also, until they have done drinking.
   내가 당신의 낙타들이 마시기를 끝날 때까지 물을 길러 오겠다(창 24:19)
2. (For they will come out after us) till we have drawn them from the city.
   우리가 그 성으로부터 그들을 유인할 때 그들은 우리를 추격할 것이다(수8:6)

조동사

May(Might)

허가, 용인 : ~해도 좋다, ~해도 무방하다, ~을 허락하다(be allowed to do, be permitted to do, be free to do, have permission to do)

"Now I have one request to make of you. Do not refuse me." "You may make it," she said.

"이제 제(아도니야)가 당신(밧세바)에게 한 가지 부탁드리겠으니 거절하지 말아 주십시오." "그렇게 하도록 하라"고 그녀(밧세바)는 말했다(NIV;왕상2:16)

추측, 가능성(현재 추측 : 현재 ~일지도 모른다; will possible ; **과거의 추측 : 과거에 ~였을지도 모른다**; would possible)

현재추측 : may + 원형동사

1. Repent therefore of this thy wickedness, and pray God, if perhaps the thought of thine heart may be forgiven thee.
   그러므로 너의 사악함을 회개하고 하나님께 기도하라. 혹시 하나님께서 너의 생각을 용서해 주실 지도 모른다(행8:22)
2. In this you rejoice, though now for a little while you may have to suffer various trial.
   이와 같이 여러분이 여러 가지 시험으로 잠시 슬퍼할 수밖에 없지만 크게 기뻐한다(RSV;벧전1:6)

과거추측 : may + 현재완료(have + p. p)

She may have been hurt. = Perhaps she was hurt.
그녀는 상처를 입었는지 모른다

기원, 저주, 소망(May + 주어 + do;바라건대/원컨대 ~이기를, ~하도록/하기를 빌다, ~하면 좋으련만)

1. May the God of peace himself sanctify you wholly; and may your spirit and soul and body be kept sound and blameless at the coming of our Lord Jesus Christ.
   평화의 하나님께서 친히 여러분을 온전히 거룩하게 하시고 또 여러분의 영혼과 몸 전체가 우리 주 예수 그리스도께서 재림하실 때에 흠없이 보전되기를 기원한다(RSV;살전5:23)
2. May the Lord grant him to find mercy from the Lord on that Day.
   그 날에 주님께서 그로 하여금 당신의 자비를 얻게 하시옵소서(RSV;딤후1:18)

Can(Could)

가능, 능력(~할 수/힘이 있다, ~할 줄 안다; be able to do/be capable of ~ing/can afford to do/know how to do)

1. There shall no man be able to stand before thee, until thou have destroyed them.
   = There shall no man be cable of standing before thee, until thou have destroyed them.
   = There shall no man be able to afford to stand before thee, until thou have destroyed them.
   = There shall no man know how to stand before thee, until thou have destroyed them.
   네가 그들을 진멸할 때까지 네 앞에 설 자가 아무도 없을 것이다(신 7:24)
2. Yet the children of Manasseh could not drive out the inhabitants of those cities;but the Canaanites would dwell in that land.
   = Yet the children of Manasseh were not able to drive out the inhabitants of those cities;but the Canaanites would dwell in that land.
   = Yet the children of Manasseh were unable to drive out the inhabitants of those cities;but the Canaanites would dwell in that land.
   = Yet the children of Manasseh were incable of driving out the inhabitants of those cities;but the Canaanites would dwell in that land.
   = Yet the children of Manasseh were unequal to driving out the

inhabitants of those cities;but the Canaanites would dwell in that land.

그러나 므낫세 자손이 그 성읍들의 거민을 쫓아내지 못하였으므로 가나안 사람들이 그 땅에서 거하기를 원했다(수17:12)

추측 : 평서문(~일 수 있다, ~일는지도 모른다, ~하였을 터이다), 부정문(~일/할 리가 없다; have no possibility ; 현재의 추측 cannot + 원형동사; 과거의 추측 cannot + 현재완료 have p.p), 의문문(~일 수 있을까, 도대체 ~일까)

1. When they arrived in Bethlehem, the whole town was stirred because of them, and the women exclaimed, "Can this be Naomi?"
그들이 베들레헴에 도착했을 때 온 성이 그들 때문에 소동이 일어났으며 그 곳 여인들이 "정말 이 사람이 나오미냐?" 하고 외쳤다(NIV;1:19)
2. But some worthless fellows said, "How can this man save us?"
그러나 몇몇 건달들이 "이 사람이 어떻게 우리를 구원할 수 있겠느냐?" 하였다(RSV;삼상10:27)
3. And he spake a parable unto them, Can the blind lead the blind? shall they not both fall into the ditch?
그리고 나서 그 분(예수님)께서 그들에게 비유를 들어 이렇게 말씀하셨다. "소경이 소경을 어떻게 인도할 수 있느냐? 둘 다 구덩이에 빠지지 아니하겠느냐?"(눅6:39)
4. Can there any good thing come out of Nazareth?
나사렛에서 어떠한 선한 것이 나올 수 있을까?(요1:46)

Must(Had to)

의무, 필연, 강요(~해야 하다, 하지 않으면 안되다, ~할 필요가 있다; have/had to do, be compelled/forced/obliged to do ; 부정은 need not/don't have to)

It was necessary that the word of God should first have been spoken to you.

= It was necessary for the word of God to first have been spoken to you.

= The word of God must(= had to) first have been spoken to you.

= The word of God first was compelled (= forced, obliged) to have been spoken to you.

하나님의 말씀이 여러분에게 먼저 전하여져야 된다(행13:46)

(추정) (틀림없이) ~일 것이다, ~임에 틀림없다, 반드시 ~일 것이다(be sure/certain to do ; 부정에는 cannot ~일 리가 없다를 사용함; 과거완료는 must + 현재완료 have pp)

Howbeit we must be cast upon a certain island.

= Howbeit it is certain that we are cast upon a certain island.

= Howbeit we are certain that we are cast upon a certain island.

그럼에도 불구하고 우리는 어떤 섬으로 밀려가 닿게 될 것입니다(행 27:26)

Would

(과거에 있어서의 습관, 습성, 반복적 동작을 나타내지만, 우연한/불규칙한 반복 행위를 나타내어 often, frequently, sometimes, always 따위의 부사를 수반하는 일이 많음) 으레/곧잘 ~(하곤)했다, 때로 ~하였었다 (used to는 과거의 상당한 기간에 걸친 상습적 동작, 상태를 나타내며 특히 과거와 현재의 차이를 대조시킴)

When all the flocks were gathered there, the shepherds would roll the stone from the mouth of the well, and water the sheep, and put the stone back in its place upon the mouth of the well.
양떼가 다 거기에 모이면 목자들이 우물 아구에서 돌을 옮기고 양들에게 물을 먹인 후에 그 우물 아구를 다시 돌로 덮어 두곤 하였다 (RSV;창29:3)

(정중한 부탁; 2, 3인칭 주어의 의문문) ~해주시지 않겠습니까?(Will you보다 공손한 표현).

Then one of them said, "Won't you please come with your servants?" "I will," Elisha replied.
그런데 그들(생도들)중 한 사람이 엘리사에게 함께 가자고 권하자 엘리사도 가겠다고 대답했다(NIV;왕하6:3)

(소원) ~하고싶다(wish/want to)

Do to others as you would be done by.
남에게 대접을 받고자 하는 대로 남을 대접하라.

(주어의 의지, 주장) ~하려고 했다

The LORD was wroth with me for your sakes, and would not hear me.
여러분 때문에 야훼께서는 저에게 노하셔서 제 기도를 듣지 않으신다(신3:26)

Should

(의무, 당연) ~하지 않으면 안된다, ~하여야 한다, ~해야 마땅하다(ought to do)

1. This is the message that ye heard from the beginning, that we should love one another.
이는 여러분이 처음부터 들은 말씀 곧 우리가 서로 사랑해야 한다는 것이다(요일3:11)
2. Seeing then that all these things shall be dissolved, what manner of persons ought ye to be in all holy conversation and godliness,
그때 이 모든 것이 녹아지기 때문에 여러분은 모든 거룩한 대화와 경건에 있어 어떠한 사람이 되어야겠느냐? (벧후3:11)

과거의 후회 : Should(= Ought to) + 현재 완료(have + p.p) 했어야 했다, ~했었더라면 좋았을 것을(과거의 일에 대하여 그것이 실현되지 못해 유감이라는 뜻을 나타냄)

Thou shouldest have smitten five or six times.
= I am sorry thou didn't smite five or six times.

KJV
영문법

= I wish(= Would that, Would to God, If only) thou had smitten five or six times.

= Thou had to smite five or six times, but thou didn't

당신은 대 여섯 번 쳤어야 했습니다(왕하13:19)

감정적및 이성적 판단을 나타내는 주절 뒤에서(미어에서는 종종 should가 생략되고 가정법 현재가 된다)

1. I'm surprised that your wife should object.
   당신의 부인이 반대하다니 정말 놀랐다
2. We are upset that our connection with you should be severed.
   당신들과의 관계가 단절될까봐 우리는 안절부절 못하고 있다
3. It seemed logical that they should declare war.
   그들이 선전포고를 하는 것은 필연적이라고 생각되었다

충고(advice), 주장(insist, urge), 소망(desire), 요구(require, request, demand), 제안(suggest, propose, move), 명령(order) + that + 주어 + (should) + 원형동사 (미어에서는 should가 생략되기 때문에 시제에 관계없이 원형동사가 사용됨).

1. Herod commanded that they should be put to death.
   = Herod commanded that they be put to death.
   = Herod commanded them to be put to death
   헤롯은 그들을 처형하라고 명령하였다(행12:19)
2. Therefore I made a decree that all the wise men of Babylon should be brought before me, that might make known to me the interpre-

tation of the dream.

= Therefore I made a decree that all the wise men of Babylon be brought before me, that might make known to me the interpretation of the dream.

그러므로 내가 한 칙령을 내려 바빌론에 있는 현자를 전부 내 앞에 불러들여 그들로 그 꿈을 해몽하여 내게 알리도록 하였다(RSV;단 4:6)

3. He commanded that they should heat the furnace one seven times more than it was wont to be heated.

   그(느브갓네살)는 용광로의 불을 보통 때보다 일곱 배나 더 뜨겁게 하라고 지시하였다(단3:19)

4. The chief captain bade that he should be examined by scourging.

   천부장은 그(바울)를 채찍질하라고 명령하였다(행22:24)

5. I exhort therefore, that, first of all, supplications, prayers, intercessions, and giving of thanks, be made for all men.

   무엇보다도 먼저 사람들 모두를 위해서 하나님께 간구와 기도와 중보의 기도와 감사를 드리라고 여러분에게 권고한다(딤전2:1)

Need(~할 필요가 있다) ; Dare(감히 ~하다 = venture)

긍정문 : 본동사로 사용(to부정사를 목적어로 취함)

1. This letter needs to be signed by the manager.

   이 편지는 지배인이 사인을 해야만 한다

2. You dare to insult God's high priest?

   네(바울)가 하나님의 대제사장을 감히 모욕하느냐?(NIV;행23:4)

3. Yet peradventure for a good man some would even dare to die.
그러나 선한 사람을 위하여 죽음을 무릅쓰는 사람이 간혹 있을지 모른다(롬5:7)

부정, 의문문 : 조동사(또는 본동사)로 사용

1. You need not come to the meeting.
너는 모임에 나올 필요가 없다
2. No man after that durst ask him any question.
그 후부터는 어느 누구도 감히 그분(예수님)에게 질문하지 않았다(막12:34)

과거의 후회(불필요한 과거의 행동에 대한 유감) : Need not 현재완료(have + p.p.) ~할 필요가 없었는데 (실제로는 ~을 했다)

1. She need not have left.
그녀는 떠날 필요가 없었는데 (실은 떠났음)
2. She didn't need to leave.
그녀는 떠날 필요가 없었어(그래서 안 떠났음)

Do

강조

동사를 강조할 때 그 앞에 do를 인칭과 시제에 맞게 사용하면 됨. 이 때 강조의 용법으로 쓰인 do에는 stress가 있음.

1. Where sin abounded, grace did much more abound.
   죄가 늘어난 곳에는 은혜도 더욱 풍성하였다(롬5:20)
2. Yet among the mature we do impart wisdom
   그러나 우리는 믿음이 성숙한 사람들 가운데서 지혜를 말한다(RSV; 고전2:6)
3. Though I made you sorry with a letter, I do not repent, though I did repent.
   내가 편지로 여러분을 근심하게 해서 후회하였지만 나는 후회하지 않는다(고후7:8)
4. If any one does sin, we have an advocate with the Father, Jesus Christ the righteous.
   누가 죄를 저지른다할지라도 우리를 아버지 앞에서 변호해주시는 의로우신 분이신 예수 그리스도가 계신다(RSV;요일2:1)

대동사 : 같은 동사(구)의 쓸데없는 중복을 피함, 타동사의 목적어를 생략함

1. I know that you acted in ignorance, as did also your rulers.
   나는 여러분의 지도자들이 그랬던 것처럼 여러분도 무지 가운데 행하였음을 알고 있다(RSV;행3:17)
2. We must not indulge in immorality as some of them did, and twenty-three thousand fell in a single day. We must not put the Lord to the test, as some of them did and were destroyed by serpents.
   그들 가운데 간음을 한 사람들이 있는 것처럼 우리는 간음을 해서는 안된다. 그들은 그러다가 단 하루만에 이만 삼천 명이 죽었다. 그들 가운데 주님을 시험한 사람들이 있는 것처럼 우리는 주님을 시험해서는 안된다. 그들은 그러다가 뱀들에게 물려 죽었다(RSV;고전10:8~9)

수 동 태

시제 : Be + p.p.(Be**동사는 능동태 동사의 시제와 일치함;시초 수동** : Become, Grow, Get + p.p. ~**하게 되다**)

현재 수동태 : Be + p.p.

Thy sins be forgiven thee.

그대의 죄는 용서받았다(마9:2)

현재진행형 수동태 : is + being + p.p.

The word of the cross is folly to those who are perishing, but to us who are being saved it is the power of God.

십자가의 말씀은 멸망하는 자들에게는 어리석은 것이지만 구원받는 우리에게는 하나님의 능력이다(RSV;고전1:18)

과거 수동태 : was(were) + p.p.

And I saw the seven angels which stood before God;and to them were given seven trumpets.

그리고 나는 하나님 앞에 서있는 일곱 천사를 보았고 그들은 일곱 나팔을 가졌다(계8:2)

과거진행형 수동태 : was(were) + being + p.p.

The letter was being written by her.

그 편지는 그녀에 의해 쓰여지고 있었다

현재완료 수동태 : have + been + p.p.

All authority in heaven and on earth has been given to me.

하늘과 땅의 권능이 모두 나에게 주어졌다(RSV;마28:18)

과거완료 수동태 : had + been + p.p.

The men had been seated before him in the order of their ages.

그 사람들은 그(요셉)앞에 나이순으로 앉았다(NIV;창43:33)

미래 수동태 : will + be + p.p.

By thy words thou shalt be justified, and by thy words thou shalt be condemned.

여러분은 여러분의 말로 말미암아 무죄 되기도 하고 정죄도 받는다(마12:37)

미래완료 수동태 : will + have + been + p.p.

The house will have been built by them.

그 집은 그들에 의해서 지어질 것이다

시초수동

She is acquainted with them.

(상태 ; 그녀는 그들을 알고 있다)

She become acquainted with them.

(동작의 시초 ; 그녀는 그들을 알게되었다)

3형식(주어 + 동사 + 목적어)의 수동태

1. The Spirit searcheth all things, yea, the deep things of God.
   = The Spirit searches all things, yea, the deep things of God.
   성령은 모든 것, 곧 하나님의 깊은 것이라도 통달하신다(고전2:10)
   → All things, yea, the deep things of God is searched by the Spirit
   (1) 능동태의 목적어(all things, yea, the deep things of God)를 수동태의 주어로 만듦
   (2) 동사 : be + p.p.로 만듦(be searched)
   (3) 능동태 주어(The Spirit)는 by + 목적격으로 바꿈
   (4) 모든 것, 곧 하나님의 깊은 것이라도 성령님에 의해서 통달된다
2. An evil and adulterous generation seeketh after a sign.
   악하고 음란한 세대가 표적을 구한다(마12:39)
   = An evil and adulterous generation seeks after a sign.
   → A sign is sought after by an evil and adulterous generation.
   표적은 악하고 음란한 세대에 의해서 구해진다

4형식(주어 + 동사 + 간접 목적어 + 직접 목적어)의 수동태

1. I will give unto thee the keys of the kingdom of heaven.(3형식)
   내가 천국의 열쇠를 그대에게 주겠다(마16:19)
   → The keys of the kingdom of heaven will be given unto you by me.
   천국의 열쇠는 나에 의해서 그대에게 전해질 것이다

= I will give you(= thee)the keys of the kingdom of heaven.(4형식)

→ The keys of the kingdom of heaven will be given you by me.

→ You will be given the keys of the kingdom of heaven by me.

2. A new commandment I give unto you.

내가 새 계명을 너희에게 준다(요13:34)

= I give a new commandment unto you.(3형식)

→ A new commandment is given unto you by me.

= I give you a new commandment.(4형식)

→ A new commandment is given you by me.

→ You are given a new commandment by me.

5형식(주어 + 동사 + 목적어 + 목적격 보어)의 수동태

I have set thee to be a light of the Gentiles.

내가 너를 이방 민족의 빛으로 삼았다(행13:47)

= Thou have been set to be a light of the Gentiles.

너는 나로 말미암아 이방 민족의 빛이 되었다

사 역 동 사

Have(Make) + A(목적어;사람) + 원형동사 = Get + A(목적어; 사람) + to do(A를 하게 하다)는 목적어를 사람에서 사물로 바꿈 ~> Have(Make, Get) + A(목적어;사물) + p.p.

He maketh me to lie down in green pastures.

그 분은 나를 푸른 초장에 눕게 하신다(시23:2)

= He makes(= has) me lie down in green pastures.

→ I am made to lie down in green pastures by him.

(수동태에서 to가 살아남)

= He gets me to lie down in green pastures.

→ I am gotten to lie down in green pastures by him.

Let + A(목적어; 사람) + 원형동사 = Permit(Allow) + A (목적어; 사람) + to do(A에게 ~하는 것을 허락하다) ~> A is permitted(allowed) to do

He will not let you be tempted beyond your strength.

그분(하나님)은 여러분이 감당할 수 없는 시험을 당하도록 허락하지 않으신다(RSV;고전10:13)

→ You will not be allowed to be tempted beyond your strength by him.

지각동사 : 수동태에서 To 가 되살아 남 (be + p.p. + to 부정사)

I saw her enter the room.

나는 그녀가 방에 들어가는 것을 보았다

= She was seen to enter the room.

They say(think, know, believe) that ~ 구문의 수동태

방 법

가주어 It를 내세움 : It is said that ~
That절의 주어를 내세움 : 주어 is said to do ~

시 제

본동사 시제와 that절의 동사 시제가 같음 : 단순 부정사
본동사 시제보다 that절의 동사 시제가 앞설 때(하나 더 과거일 때) : 완료 부정사

1. People believe that I am rich.(1)
   = That I am rich is believed (by people).(2)
   = It is believed(by people) that I am rich.(3)
   = I am believed to be rich(by people).(4)
   (1) that ~는 타동사 believe의 목적어로서 명사절임
   (2) that ~를 주어로 해서 수동태로 고침
   (3) that ~가 너무 길기 때문에 가주어 it를 쓰고 that ~는 문미로 돌림
   (4) that ~ 에서 주어 I를 본 주어로 쓰면, be + p.p. + to do의 형태로 고쳐짐
   (5) 본동사(believe) 시제와 that 절의 동사(am)같기 때문에 단순 부정사 to believe를 사용했음
   (6) 사람들은 내가 부자라고 믿고 있다

2. They think that she made a silly mistake.
   = That she made a silly mistake is thought (by them).
   = It is thought (by them) that she made a silly mistake.
   = She is thought to have made a silly mistake (by them).
   (1) 본동사시제(think)보다 that절의 동사시제(made)가 하나 과거이므로 완료 부정사를 사용함
   (2) 그들은 그녀가 어리석을 실수를 했다고 생각한다

의문문 수동태

의문사가 있는 경우

Who saw the accident? 누가 그 사고를 목격했느냐?

1. 평서문 : Who saw the accident.(비문장)
2. 수동태 : The accident was seen by whom.(비문장)
3. 의문문 : By whom was the accident seen?
   (바른문장임 ; 그 사고는 누구에 의해 목격되었느냐?)

의문사가 없는 경우

Can you put up with such a hardship?
너는 그런 고난을 참을 수 있는가?

1. 평서문 : You can put up with such a hardship.(비문장)
2. 수동태 : Such a hardship can be put up with by you.(비문장)
3. 의문문 : Can such a hardship be put up with by you?

명령문 수동태

긍정 : Let + 목적어 + be + p.p.
부정 : Let + 목적어 + not + be + p.p. = Don't + let + 목적어 + be + p.p.

1. Feed my lambs.
   내 어린양을 먹이라(요21:15)
   → Let my lambs be fed.
2. Do not put the Lord your God to the test.
   주 너희 하나님을 시험치 말라 (NIV;마4:7)
   → Let the Lord your God not be put to the test.
   → Don't let the Lord your God be put to the test.

부정문 수동태 : not은 주로 문두에 옴

No <~ > Not + any	Never <~> Not + ever
Neither <~> Not + either	Nobody <~> Not + anybody
Nothing <~> Not + anything	No one <~> Not + anyone

Nothing shall offend them.
= They shall not be offended by anything.
어느 것도 그들로 하여금 죄를 범하게 할 수 없다(시119:165)

KJV 영문법

가 정 법

If

가정, 조건: 만약(만일) ~이라면, ~이라는 조건이라면, ~인 때(경우)에는
= As Long As, Providing, Provided, Suppose, Supposing, On Condition(That)

1. Now if thou shalt kill all this people as one man, then the nations which have heard the fame of thee will speak, saying, Because the LORD was not able to bring this people into the land which he sware unto them, therefore he hath slain them in the wilderness.
이제 당신께서 이 백성을 모두 한 사람같이 죽이신다면 당신의 명성을 들었던 민족들이 말하기를 "야훼가 그들에게 약속했던 땅으로 이 백성을 인도할 수 없기 때문에 광야에서 그들을 죽였다"고 말할 것입니다(민14:15~16)
2. If ye have faith as a grain of mustard seed, ye shall say unto this mountain, Remove hence to yonder place ; and it shall remove.
여러분이 겨자씨 한 알만한 믿음을 갖고 있다면 이 산을 향해 "여기

서 저기로 옮겨라" 한다면 그 산은 옮겨질 것이다(마17:20)

양보 : 설령~일지라도, ~이라 할지라도(Whether)

1. If I ascend up into heaven, thou art there: if I make my bed in hell, behold, thou art there.
   제가 하늘로 올라가더라도 당신은 거기 계시며 내가 하계에 가서 누워도 당신은 거기에 계십니다(시139:8)
2. If so be it yield, the strangers shall swallow it up.
   그것이 곡식을 맺는다해도 외국인들이 그것을 삼켜버릴 것이다(호8:7)
3. If I be offered upon the sacrifice and service of your faith, I joy, and rejoice with you all.
   내가 너희 믿음의 희생제물과 봉사 위에 나를 드린다 해도 나는 기쁘고 또 너희 모두와 함께 기뻐한다(빌2:17)
4. If he have committed sins, they shall be forgiven him.
   죄를 범하였을지라도 용서를 받을 것이다(약5:15)

간접의문문을 이끎음 : ~인지 어떤지(whether)

They examined the Scriptures every day to see if what Paul said was true.
그들은 바울이 전한 내용이 사실인지 알아보려고 매일 성경을 상고했다(NIV;행17:11)

Unless

만일 ~이 아니면, 만약 ~이 아니라면, ~하지 않는다면
(if ~not ; 가정법에서는 쓰지 않음)

1. Unless the LORD builds the house, those who build it labor in vain. Unless the LORD watches over the city, the watchman stays awake in vain.
   = If the LORD doesn't build the house, those who build it labor in vain. If the LORD doesn't watch over the city, the watchman stays awake in vain.
   야훼께서 집을 세우지 아니하시면 건축자의 수고가 헛되며 야훼께서 성을 지켜주시지 않으시면 파수꾼의 방호함이 헛될 것이다(RSV;시 127:1)
2. Unless a grain of wheat falls into the earth and dies, it remains alone.
   = If a grain of wheat doesn't fall into the earth and dies, it remains alone.
   밀알 하나가 땅에 떨어져서 죽지 않으면 한 알 그대로 있다 (RSV;요12:24)

명령문 + And : ~을 하라, 그러면 ~일 것이다

1. Ask, and ye shall receive, that your joy may be full.
   = If ye ask, ye shall receive, that your joy may be full.
   구하라 그러면 받을 것이며 너희 기쁨이 넘칠 것이다(요16:24)

2. But seek ye first the kingdom of God, and his righteousness;and all these things shall be added unto you.
그러나 여러분들은 먼저 하나님의 나라와 그분의 의를 찾아라. 그러면 이 모든 것들이 너희에게 더하여질 것이다(마6:33)

명령문 + Or : ~하라, 그렇지 않으면 ~할 것이다

1. Do not judge, or you too will be judged. = If you judge, you too will be judged.
남을 비판하지 말라 그렇지 않으면 너희도 역시 비판받을 것이다(NIV;마7:1)
2. Stop sinning or something worse may happen to you.
= If you don't stop sinning, something worse may happen to you.
= Unless you stop sinning, something worse may happen to you.
죄를 짓지 말라 그렇지 않으면 더 심한 병이 걸리지도 모른다(NIV;요5:14)

가정법 현재

정의 : 현재나 미래에 대한 불확실한 상상이나 가정을 함
형식 : If + 주어 + 직설법 현재동사/원형동사, 주어 + 조동사 현재(Will/Shall/Can/May) + 원형동사

1. Therefore if any man be in Christ, he is a new creature.
그러므로 누구나 그리스도 안에 있으면 그는 새로운 존재다(고후5:17)

2. If any man shall add unto these things, God shall add unto him the plagues that are written in this book: And if any man shall take away from the words of the book of this prophecy, God shall take away his part out of the book of life, and out of the holy city, and from the things which are written in this book.

누구든지 이것들(이 예언의 말씀)에 무엇을 더하면 하나님께서 이 책에 기록된 재앙을 그에게 내리실 것이며, 그리고 누구든지 이 예언의 책의 말씀에서 무엇을 빼면 하나님께서 생명책에서 그 이름을 제하시며 이 책에 기록된 거룩한 도성과 상속에서 그가 누릴 특권을 빼앗아 버릴 것이다(계22:18~19)

가정법 미래

정의 : 실현 가능성이 없는 현재나 미래를 가정함
형식 : If + 주어 + Should(주어의 무의지)/Would(주어의 의지) + 원형동사, 주어 + 조동사 현재나 과거(Will/Would, Shall/ Should, Can/Could, May/Might) + 원형동사

If a man would give all the substance of his house for love, it would utterly be contemned.

사랑을 위해서 자기 집 재산을 다 바치면 완전히 조롱 당할 것이다(아8:7)

전혀 불가능한 일 또는 미래의 의혹을 나타낼 경우 :
If + 주어 + Were To, 주어 + 조동사 과거(Would/Should/Could/Might) + 원형동사

If I were to go with you even for a moment, I might destroy you.
내가 잠시라도 너희와 같이 간다면 너희를 없애버릴 지도 모른다 (NIV;출33:5)

가정법 과거

정의 : 현재 사실에 반대되는 가정
형식 : If + 주어 + 과거동사(Be동사는 수와 인칭에 관계 없이 Were를 사용함), 주어+ 조동사 과거(Would/ Should/ Could/Might) + 원형동사(만일 ~라면 ~할 텐데) = But For (= Without) + (대)명사/~ing(~이 없다면) = If It Were Not For = Were It Not For = If There Were No + 명사 (만일 ~이 없다면)
조건절에서 접속사 if가 생략되면, be 동사와 조동사는 바로 주어 앞으로 도치되며, 일반동사는 조동사 did가 문두로 도치됨.

1. As they help her, she can do it
(직설법 현재 ; 그들이 그녀를 돕기 때문에, 그녀는 그것을 할 수 있다).
= If they did not help her, she could not do it
(가정법 과거 ; 그들이 그녀를 돕지 않는다면 그녀는 그것을 할 수 없을 것이다)
= But for(= Without) their help, she could not do it.
= If it were not for their help, she could not do it.
= Were it not for their help, she could not do it
(접속사 if가 생략됨 ; 그들의 도움이 없다면 그녀는 그것을 할 수

없을 것이다)

= If there were no their help, she could not do it.

2. If this man were not of God, he could do nothing.

이 분이 하나님께로부터 오신 분이 아니라면, 아무 일도 못하셨을 것이다(요9:33)

3. If the whole body were an eye, where were the hearing? If the whole were hearing, where were the smelling?

온 몸이 온통 눈이라면 듣는 감각은 어디에 있느냐? 온 몸이 다 귀라면 냄새 맡는 곳은 어디에 있느냐(고전12:17)

It Is (High/About) Time (That)

+ 주어 + 가정법 과거동사/Should + 원형동사 : 하여도 좋은 (해야 할) 때다, ~해야 할 (적절한) 때다(긴급사항, 당연, 필요, 재촉 등을 나타냄;이미 행해져야 할 것이 행해지지 않았을 때, 불평, 비난을 나타내기 위해 주로 사용됨)

Now it is high time to awake out of sleep.

= Now it is about time to awake out of sleep.

= Now it is high(= about) time that you should awake out of sleep.

= Now it is high(= about) time that you awoke out of sleep.

이제 여러분은 잠에서 깰 때가 되었다(롬13:11)

가정법 과거완료

정의 : 과거사실에 반대되는 가정
형식 : If + 주어 + 과거완료(Had + p.p), 주어 + 조동사 과거(Would/Should/Could/Might) + 현재완료(Have + p.p) (만일 ~했더라면 ~였을 텐데);But For/Without + (대)명사/~ing(~이 없었더라면) = If It Had Not Been For = Had It Not Been For = If There Had Been No + 명사(만일 ~이 없었더라면)
조건절에서 접속사 if가 생략되면, 조동사 had가 주어 앞으로 도치됨.

1. As thou were not here, my brother died.
당신이 여기에 계시지 않으셨기 때문에 우리 오라버니는 죽었습니다(직설법 과거)
→ If thou hadst been here, my brother had not died.
당신이 여기에 계셨더라면 우리 오라버니가 죽지 않았을 것이다(요 11:21)
→ If you had been here, my brother would not have died.(RSV;요 11:21)
→ Had you been here, my brother would not have died.(if 생략)
→ But for (= Without) your absence here, my brother would not have died.
→ If it had not been for your absence here, my brother would not have died.
→ Had it not been for your absence here, my brother would not have died.(if 생략)

→ If there had been no your absence here, my brother would not have died.

→ Your absence prevented(= prohibited, kept, hindered, restrained) my brother from being alive.

→ Your absence forbade my brother to be alive.

2. Unless thy law had been my delights, I should then have perished in mine affliction.
당신의 법이 저의 기쁨이 되지 않았더라면 저는 고난 속에서 죽었을 것입니다(시119:92)

3. If I had not done among them the works which none other man did, they had not had sin.
내가 다른 아무도 하지 못한 일을 그들 가운데서 하지 않았더라면 그들에게 죄가 없었을 것이다(요15:24)

4. Had ye believed Moses, ye would have believed me.
너희가 모세를 믿었다면 나를 믿었을 것이다(if 생략; 요5:46)

5. Had they known it, they would not have crucified the Lord of glory.
그들이 그것을 알았더라면 영광의 주를 십자가에 처형하지는 아니하였을 것이다(if가 생략;고전2:8)

I Wish(= Would That, Would To God, If Only)

+ 주어 + 가정법 과거(종속절 시제 = 주절의 시제 ; 현재 사실의 반대, 현재 실현할 수 없는 일에 대한 소망 ; 오직 ~하기만 하면 좋으련만, ~하면 좋을 텐데)

= I Am Sorry(= It Is A Pity, I Regret ; 직설법 현재 ; 유감이다, 섭섭하다)

+ 주어 + 가정법 과거 완료(종속절의 시제가 주절의 시제보다 한 시제 더 과거 ; 과거 사실의 반대, 과거에 실현하지 못한 소망) = I Am Sorry(= It Is A Pity, I Regret ; 직설법 과거) = 주어 + Should(= Ought To) + 현재완료(have + p.p) (과거에 실현되지 못한 일에 대한 비난을 나타냄 ; ~했어야 했는데 못한 것이 유감이다)

If Only : 1. 오직 ~이기만 하면 좋으련만(I wish)
2. 단지 ~만 하고 있으면

1. Would God that we had died in the land of Egypt! or would God we had died in this wilderness!
차라리 우리가 이집트나 광야에서 죽었더라면 좋았을 텐데!(가정법 과거 완료;민14:2)
→ Would that we had died in the land of Egypt! Or would that we had died in this wilderness!(RSV;민14:2)
→ If only we had died in Egypt! Or in this desert!(NIV;민14:2)
→ We wish we had died in Egypt! Or in this desert!
→ We are sorry(= It is a pity, We regret) we didn't die in Egypt! Or in this desert!
우리가 과거에 이집트나 광야에서 죽지 못했던 것이 유감스럽다 (직설법과거)
→ We should(= ought to) have died in Egypt! Or in this desert!
우리가 이집트나 광야에서 죽었어야 했는데 그렇지 못한 것이 유감이다

2. But I do not account my life of any value nor as precious to myself, if only I may accomplish my course and the ministry which I received from the Lord Jesus, to testify to the gospel of the grace of God.
그러나 내가 경주를 마치고 주 예수님께로부터 받은 사명, 곧 하나님의 은혜의 복음을 증거하는 사명을 다하기만 한다면, 나는 내 목숨을 조금도 소중한 것으로 여기지 않는다(RSV;행20:24)
3. Would to God ye could bear with me a little in my folly: and indeed bear with me.
나는 너희가 좀 어리석은 나를 용납해 주기 바란다. 부디 나를 좀 용납해 달라(고후11:1)

As If(= Though)

+ 가정법 과거(종속절 시제 = 주절 시제 ; 현재 사실의 반대, 말할 당시의 사실과 반대 ; 마치 ~한 것처럼)

+ 가정법 과거 완료(종속절의 시제가 주절의 시제보다 한 시제 더 과거 ; 주절의 동사가 현재시제이면 종속절의 동사는 과거 또는 현재완료 ; 주절의 동사가 과거시제이면 종속절의 동사는 과거완료 ; 말할 당시보다 한 시제 앞선 때의 사실과 반대 ; 마치 ~였던 것처럼)

1. Why marvel ye at this? or why look ye so earnestly on us, as though by our own power or holiness we had made this man to walk?
왜 여러분은 마치 우리가 우리 자신의 능력이나 거룩함으로 이 사람

을 걷게 한 것처럼 우리를 그렇게 진지하게 바라보느냐?(행3:12)

2. God, who quickeneth the dead, and calleth those things which be not as though they were.
죽은 사람들에게 생명을 주시고, 없는 것을 있는 것처럼 부르시는 하나님(롬4:17)
3. I saw a Lamb standing, as though it had been slain.
나는 살육 당하신 것처럼 보이는 어린양이 서 계시는 것을 보았다(RSV;계5:6)

혼합 가정법

주절과 조건절의 시제가 서로 각각 틀리는 경우

1. If the Lord had not shortened the days, no human being would be saved
주님께서 그러한 날들(고난의 기간)을 감하시지 않으셨더라면 아무도 살아남지 못할 것이다(RSV ; 가정법 과거완료 + 가정법 과거 ; 막13:20)
2. Good were it for that man if he had never been born.
그 자는 태어나지 않았더라면 좋았을 것이다(가정법 과거 + 가정법 과거완료 ; 막14:21)
3. If thou knewest the gift of God, and who it is that saith to thee, Give me to drink ; thou wouldest have asked of him, and he would have given thee living water.
네가 하나님의 은사를 알고, 또 너에게 마실 물을 달라고 말한 사람이 누구인지 알았더라면, 네가 그에게 청하였을 것이고 그는 너에게

생수를 주었을 것이다(가정법 과거 + 가정법 과거완료;요4:10)

Or(= Or Else, Otherwise)

+ 가정법 과거(그렇지 않다면)
+ 가정법 과거완료(그렇지 않았더라면)

1. You must not eat fruit from the tree that is in the middle of the garden, and you must not touch it, or you will die.
   너희는 동산 중앙에 있는 나무에 달려있는 과일을 먹지도 말고 그것을 만지지도 말아라. 그렇지 않으면 너희는 죽게 될 것이다(NIV;창3:3)
2. Coax your husband into explaining the riddle for us, or we will burn you and your father's household to death.
   네 남편을 구슬러 그 수수께끼의 답을 우리에게 설명해라. 그렇지 않으면 너와 네 아버지의 권속을 불로 태워버리겠다(NIV;삿14:15)
3. And no man putteth new wine into old bottles ; else the new wine will burst the bottles, and be spilled, and the bottles shall perish.
   그리고 새 포도주를 낡은 부대에 넣는 자가 없다. 그렇게 하지 않으면 새 포도주가 부대를 터뜨려 포도주가 쏟아지고 부대는 버리게 된다(눅5:37)

What If(주절의 생략)

~이라면 어찌 되는가/어떨까? ~하면 어떻게 될까?
(= What Is, Will Be The Result If ~?)

1. What if the sword contemn even the rod?
   무력이 (유다의) 홀까지 업신여긴다면 어떻게 될까?(겔21:13)
2. What and if ye shall see the Son of man ascend up where he was before?
   너희가 사람의 아들이 전에 계셨던 곳으로 올라가시는 것을 본다면 어떻게 하겠느냐(요6:62)
3. What if a spirit or an angel spoke to him?
   영이나 천사가 그에게 말했다면 어찌 하겠느냐?(RSV;행23:9)
4. What if some did not believe?
   믿지 않는 사람들이 있었다면 어떻게 하겠느냐(롬3:3)

KJV 영문법

관 계 사

관계대명사

종류와 용례

종류 / 비교	Who	Which	That
선 행 사	사 람	사물, 동물	사람, 동물,사물
주 격	Who	Which	That
소 유 격	Whose	Of Which, Whose	
목 적 격	Whom	Which	That

기능과 역할 : 접속사 기능과 대명사 역할 (주어, 목적어, 보어가 됨)

선행사 + 관계대명사 주격 + 동사(주어가 없음)

1. Every son that is born ye shall cast into the river.
   너희는 태어난 남자아이들은 모조리 (나일) 강에 던져야 한다 (출1:22)
2. Happy is the man that hath his quiver full of them.
   그 화살통에 화살이 가득한 자는 복이 있다(시127:5)
3. I, I am He who blots out your transgressions for my own sake, and I will not remember your sins.
   나 곧 나는 나를 위하여 너의 죄악을 보이지 않게 지우는 사람이며, 너의 죄악을 더 이상 생각하지 않는다(RSV;사43:25)
4. He that cometh from above is above all: he that is of the earth is earthly, and speaketh of the earth.
   위에서 오시는 분은 모든 것 위에 계신다. 땅에서 난 사람은 세속적이라 땅의 일을 말한다(요3:31)

선행사 + 관계대명사 소유격 + 명사(소유격이 생략됨)

1. Wisdom will save you from the ways of wicked men, from men whose words are perverse,
   지혜가 사악한 자들의 생활 태도에서 곧 그릇되게 말을 하는 자들에게서 너를 구원할 것이다(NIV;잠2:12)
2. Cursed be the man that trusteth in man, and maketh flesh his arm, and whose heart departeth from the LORD.
   사람을 신뢰하며 혈육을 그 무기로 삼는 사람과 그 마음이 야훼에게

서 떠난 사람은 저주를 받는다(렘17:5)

3. He it is, who coming after me is preferred before me, whose shoe's latchet I am not worthy to unloose.
내 뒤에 오시는 그 분은 나보다 앞선 분이며 나는 그 분의 신발끈을 풀 자격도 없다(요1:27)
4. Blessed are they whose iniquities are forgiven, and whose sins are covered.
불법행위를 용서받고 죄가 가리워 진 사람은 복이 있다(롬4:7)
5. A certain woman named Lydia, a seller of purple, of the city of Thyatira, which worshipped God, heard us: whose heart the Lord opened, that she attended unto the things which were spoken of Paul.
두아디라 성읍에서 온 자주 옷감 장사인 루디아라고 하는 여인은 하나님을 경배하며 우리의 말을 들었다. 주께서 그 여인의 마음을 열어 바울이 말한 것에 주의를 기울이게 하셨다(행16:14)
6. For many walk, of whom I have told you often, and now tell you even weeping, that they are the enemies of the cross of Christ: Whose end is destruction, whose God is their belly, and whose glory is in their shame, who mind earthly things.
내가 자주 여러분에게 말하였고 이제도 눈물을 흘리며 말하지만, 많은 사람이 그리스도의 십자가의 원수가 되어 살고 있다. 그들의 종말은 파멸이며, 그들의 하나님은 자기들의 배요, 그들의 영광은 자기들의 수치 속에 있고, 그들은 세상적인 일만 생각한다(빌3:18~19)
7. The husband is the head of the wife as Christ is the head of the church, his body, of which he is the Savior.
그리스도께서 교회의 구주 곧 그분의 몸의 머리이신 것처럼 남편은 아내의 머리가 된다(NIV;엡5:23)

선행사 + 관계대명사 목적격 + 주어 + 동사 (목적어가 없음)

1. Thou in thy mercy hast led forth the people which thou hast redeemed
   당신께서 구속하신 백성을 당신은 자비를 베푸시면서 이끄셨습니다(출15:13)
2. He whom God hath sent speaketh the words of God.
   하나님께서 보내신 이는 하나님의 말씀을 한다(요3:34)
3. Blessed is the man to whom the Lord will not impute sin.
   주님께서 죄가 없다고 인정해주시는 사람은 복이 있다(롬4:8)
4. Therefore being justified by faith, we have peace with God through our Lord Jesus Christ: By whom also we have access by faith into this grace wherein we stand.
   그러므로 우리가 믿음으로 의롭다고 선언되었으므로 우리 주 예수 그리스도로 말미암아 하나님과 더불어 평화를 누리자. 그리고 우리는 또한 우리 주 예수 그리스도로 말미암아 지금 서 있는 이 은혜의 자리에 믿음으로 가까이 가게 되었다(롬5:1~2)
5. Flee fornication. Every sin that a man doeth is without the body ; but he that committeth fornication sinneth against his own body.
   (1) 전자 that : 관계대명사 목적격 후자 that : 관계대명사 주격
   (2) 간음을 피하라. 사람이 저지른 죄는 모두 그 몸밖에서 한 것이지만 간음을 저지른자는 누구든지 자신의 몸을 범하는 것이다(고전6:18)

KJV 영문법

관계대명사 생략 : 타동사, 전치사의 목적격으로 쓰일 때

전치사 + 관계대명사가 시간, 장소, 방법을 나타낼 때 생략될 수 없음
계속적 용법에서는 생략이 불가능 함
관계대명사가 생략되면 전치사는 반드시 후치 함

1. We are journeying unto the place of which the LORD said, I will give it you.
   우리는 야훼께서 "내가 너희에게 그것을 주시겠다" 고 말씀하신 그 곳(약속의 땅)으로 가고 있네(민10:29)
   = We are journeying unto the place which the LORD said of, I will give it you.(전치사 후치)
   = We are journeying unto the place the LORD said of, I will give it you.(관계 대명사가 생략되면 전치사는 반드시 후치함)
2. Thou shalt shew them the way wherein they must walk, and the work that they must do.
   너는 그들이 걸어가야 할 길과 행해야 할 일을 보여주어야 한다(출18:20)
   = You shall make them know the way in which they must walk and what they must do.
   = You shall make them know the way which they must walk in and what they must do.(전치사 후치;RSV;출18:20)
   = You shall make them know the way they must walk in and what they must do.(관계 대명사가 생략되면 전치사는 반드시 후치함)
3. I am the LORD. Tell Pharaoh king of Egypt everything I tell you.

= I am the LORD. Tell Pharaoh king of Egypt everything(that) I tell you.

나는 야훼이다. 너(모세)는 내가 너에게 이르는 말을 이집트의 바로 왕에게 그대로 전하라(NIV;출6:29)

That

선행사 : 최상급, 서수사, the very, the only, the same, every, all, any, no

1. Jethro, the priest of Midian, Moses' father in law, heard of all that God had done for Moses, and for Israel his people, and that the LORD had brought Israel out of Egypt.
   미디안 제사장이며 모세의 장인인 이드로는 모세와 이스라엘 백성을 위해서 하나님께서 행하신 일들과 야훼께서 이스라엘 백성을 이집트에서 구원해내신 사건을 모두 들었다(출18:1)
2. With the best(that) the sun brings forth and the finest(that) the moon can yield.
   해와 달로 말미암아 생산되는 최고로 좋은 산물로(신33:14)

의문대명사(who, what, which)

What knowest thou, that we know not? What understandest thou, which is not in us?

우리가 모르는 것 중에 네가 아는 것이 무엇이냐? 우리에게 없는 어떠한 통찰력이라도 너에게 있느냐?(욥15:9)

That을 쓰지 않는 경우 : 한정용법에만 쓰이고 계속적인 용법에는 쓸 수가 없음/That 앞에는 전치사를 쓸 수없음

Every pledge by which she has bound herself shall stand
그녀(시집가지 않은 여자)가 의무를 지은 서약은 모두 유효할 것이다 (RSV:민30:4)

= Every pledge by that she obligated herself will stand.(X)

= Every pledge that she obligated herself by will stand.(O)

= Every pledge she obligated herself by will stand.(O)

관계대명사 What

선행사가 포함된 관계대명사(That Which/All That/Anything That/The Thing Which); 해석 : ~하는 것 (명사절)

1. He has made everything beautiful in its time; also he has put eternity into man's mind, yet so that he cannot find out what God has done from the beginning to the end.
하나님께서는 모든 것을 때를 따라 아름답게 지으시고 영원을 인간의 마음속에 두셨지만 하나님께서 처음부터 끝까지 역사하신 사역을 사람이 찾아낼 수가 없다.(RSV;전3:11)
2. Not that which goeth into the mouth defileth a man; but that which cometh out of the mouth, this defileth a man.
입으로 들어가는 것이 사람을 더럽히는 것이 아니라 오히려 입에서 나오는 것 곧 이것이 사람을 더럽힌다(마15:11)
3. What the law could not do, in that it was weak through the flesh,

God sending his own Son in the likeness of sinful flesh, and for sin, condemned sin in the flesh.
육신으로 말미암아 연약하여 율법이 할 수 없는 그것을 하나님께서는 그분의 아드님을 죄된 육신을 지닌 인간의 모습으로 보내셔서 인간이 지은 죄를 위해 그 육신을 정죄하셨다(롬8:3)

제한적 용법과 계속적 용법

제한적 용법

1. Comma가 관계대명사 앞에 없음
2. 관계대명사가 선행사의 의미를 제한함
3. 해석은 뒤에서부터 시작하는 것이 보편적임

계속적 용법

1. Comma가 관계대명사 앞에 있음
2. 관계대명사는 선행사의 뜻을 제한하지 않고, 선행사를 받아서 그것에 대해 설명함. 따라서 해석은 위로부터 내리 번역하는 것이 보편적임
3. 관계대명사는 내용에 따라 접속사(and, but, for, though) + 대명사의 형태로 바꾸어서 해석해야 문맥이 매끄러움
4. 관계대명사는 생략이 불가능함
5. 관계대명사 That은 이 용법에 쓸 수 없음

계속적 용법의 실례

1. Thou wilt keep him in perfect peace, whose mind is stayed on thee: because he trusteth in thee.
   (1) 관계대명사 앞에 Comma가 있기 때문에 계속적 용법, 곧 선행사

를 수식(한정)하지 않고, 선행사를 받아서 그것에 관해 설명을 해야함. 그러나 문맥상 제한적 용법으로 해석해야 문맥이 매끄러움. 독자를 위해서 두 가지를 다 소개하겠음

(2) 계속적 용법 : 접속사 + 대명사의 형태로 고쳐서 번역해야 하는데, 접속사는 문맥에 맞는 것을 골라 쓰면됨. 여기서는 for가 적절함

Thou wilt keep him in perfect peace, for his mind is stayed on thee: because he trusteth in thee.

당신은 그를 완전한 평강으로 지키실 것입니다. 왜냐하면 그의 마음이 당신에게 향해있을 뿐만 아니라 그가 당신을 신뢰하기 때문입니다(사26:3)

(3) 제한적 용법 : 그의 마음이 당신에게 향해있을 뿐만 아니라 그가 당신을 신뢰하기 때문에 당신은 그를 완전한 평강으로 지키실 것입니다.

2. This is my beloved Son, in whom I am well pleased.

(1) 관계대명사 앞에 Comma가 있기 때문에 계속적 용법, 곧 선행사를 수식(한정)하지 않고, 선행사를 받아서 그것에 관해 설명을 해야함. 그러나 문맥상 제한적 용법으로 해석해야 문맥이 매끄러움. 독자를 위해서 두 가지를 다 소개하겠음

(2) 계속적 용법 : 접속사 + 대명사의 형태로 고쳐서 번역해야 하는데, 접속사는 문맥에 맞는 것을 골라 쓰면됨. 여기서는 and가 적절함

This is my beloved Son, and I am well pleased in him.

이는 내 아들인데 내가 그를 기뻐한다(마3:17)

(3) 제한적 용법 : 이는 내 기뻐하는 아들이다

3. But thou, Bethlehem Ephratah, though thou be little among the thousands of Judah, yet out of thee shall he come forth unto me

that is to be ruler in Israel; whose goings forth have been from of old, from everlasting.

= But thou, Bethlehem Ephratah, though thou be little among the thousands of Judah, yet out of thee shall he come forth unto me that is to be ruler in Israel; and his goings forth have been from of old, from everlasting.

그러나 베들레헴 에브라다야, 네가 비록 유다의 수천 가운데서 작지만 이스라엘을 통치할 자가 너로부터 내게로 나올 것이다. 그분의 나오심은 상고부터요, 영원부터였다(미5:2)

복합관계대명사

정의 : 관계대명사 + ever

역할 : 관계대명사 What처럼 선행사의 역할과 관계대명사 역할을 동시에 하고 있음

종류

명사절 : Any ~ + 관계대명사로 바꿀 수 있음
(주어, 목적어, 보어, 동격 자리에 있으면 명사절임)
Whoever = Anyone Who ~하는 사람은 누구나
Whomever = Anyone Whom ~하는 사람은 누구나
Whichever = Any Thing That ~하는 것은 어느 것(쪽)이든
Whatever = Anything That ~하는 것은 무엇이나

1. Whoever sacrifices to any god, save to the LORD only, shall be utterly destroyed.

   = Anyone who sacrifices to any god, save to the LORD only, shall be utterly destroyed.

야훼 외에 어떤 다른 신에게 희생제사를 드리는 자는 누구든지 완전히 멸절 당할 것이다(RSV;출22:20)

2. Whatsoever thou shalt bind on earth shall be bound in heaven: and whatsoever thou shalt loose on earth shall be loosed in heaven.
그대가 땅에서 매는 것은 모두 하늘에서도 매여있을 것이며, 그대가 땅에서 푸는 모든 것은 하늘에서도 풀려있을 것이다(마16:19)
= Whatever you bind on earth shall be bound in heaven, and whatever you loose on earth shall be loosed in heaven.(RSV;마16:19)
= Anything that you bind on earth shall be bound in heaven, and anything that you loose on earth shall be loosed in heaven

3. Whatsoever he shall hear, that shall he speak: and he will shew you things to come.
그 분은 무엇이나 들은 것을 말씀하실 것이요, 또 너희에게 일어날 일들을 알려 주시리라(요16:13)

4. Whosoever will, let him take the water of life freely.
원하는 사람은 누구든지 생명수를 값없이 취할 수 있다(계22:17)
= Whoever will, let him take the water of life freely.
= Anyone who will, let him take the water of life freely.

양보 부사절 : **No Matter + 의문사 + 주어 + May, 명사절에는 Comma가 없는데 양보 부사절에는 Comma가 있음**

Whoever ~May = No Matter Who ~May 누가 ~이라도
Whomever ~May = No Matter Whom ~May 누구를 ~하든지
Whichever ~May = No Matter Which ~May 어느 것을(이) ~하든

Whatever ~May = No Matter What ~May 무엇을(이) ~이더라도
However = No Matter How ~May 아무리 ~해도/일지라도
Wherever = No Matter Where ~May 어디에 ~이라도

1. Whatsoever house ye enter into, there abide.
   = No matter what house ye may enter into, there abide.
   어느 집에 들어가든지 거기에서 머물러라(눅9:4)
2. No matter how many promises God may have made, they are "Yes" in Christ.
   = However many promises God has made, they are "Yes" in Christ.
   하나님의 약속들은 아무리 많더라도 그것들은 그리스도 안에서 예가 된다(NIV;고후1:20)
3. These are they which follow the Lamb whithersoever he goeth.
   이들은 어린양이 가시는 곳이면 어디든지 따라 다니는 사람들이다(계14:4)
   = It is these who follow the Lamb wherever he goes.(RSV;계14:4)
   = It is these who follow the Lamb no matter where he may go.

의(유)사 관계대명사

Such(= The Same, As) ~As(The Same ~As 같은 종류의 물건을 나타냄;The Same ~That 동일한 물건을 나타냄. 그러나 미어에서는 종종 무시됨)

1. The share of the man who stayed with the supplies is to be the same as that of him who went down to the battle.
   (1) that : the share

KJV 영문법

(2) 남아서 소유물을 지킨 사람의 몫은 전쟁터에 나갔던 사람의 몫과 똑같아야 한다(NIV;삼상30:24)

2. Are not you Israelites the same to me as the Cushites?
이스라엘 백성들아 너희는 나에게 이디오피아 사람들과 똑같지 않으냐?(암9:7)

But : that ~ not의 뜻임(선행사절이 부정일 때 씀)

There is no rule but has some exceptions.
= There is no rule that does not have some exceptions.
예외 없는 규칙은 없다

Than : 선행사에 More 가 있는 문장에서, 주격 또는 목적격으로 사용됨

No one may think more of me than he sees in me or hears from me.
아무도 나를 보고 나로부터 들은 사실에 근거해서 확증된 내용 이상으로 나를 생각할 것 같지 않다(RSV;고후12:6)

관계대명사의 이중제한

두 개의 관계대명사가 이끄는 형용사절이 하나의 선행사를 공동으로 수식하는 것을 의미함. 첫 번째 관계대명사는 ' ~로서 '로 번역함

He is like a man building a house, who dug down deep and laid the foundation upon rock.

1. 이 문장은 명사 + 분사 용법이기 때문에 그것을 명사 + 관계대명사 주격으로 바꾸어주고 계속적인 용법이지만 제한적 용법으로 해석해 주면 관계대명사 이중제한의 용법이 선명해짐 He is like a man(who builds)a house, who dug deep and laid the foundation upon rock.
2. 두 개의 who은 선행사인 a man을 공동으로 수식하고 있음
3. 앞에 있는 who은 ' ~로서 '로 번역해야 함
4. 그는 집을 짓는 자로서 땅을 깊이 파서 반석 위에 기초를 놓는 사람과 같다(RSV;눅6:48)

관계부사

역할 : 접속사 + 부사 역할을 함

종 류

선행사가
장소명사:Where, 시간명사:When, 방법명사:How, 이유명사:Why

용 법

관계부사 : 전치사 + 관계대명사

It was the sabbath day when Jesus made the clay, and opened his eyes.
예수님께서 진흙을 개어 그 남자의 눈을 뜨게 하신 날은 안식일이었

다(요 9:14).

= Now the day on which Jesus had made the mud and opened the man's eyes was a Sabbath(NIV;요9:14).

관계대명사와의 차이점 : 관계대명사와는 달리 주어, 목적어 및 보어 등이 생략되지 않는 완전한 문장임.
선행사 + 관계부사에서 선행사나 관계부사 중 어느 하나를 생략해도 됨

That으로 대체가능

1. 앞에 comma가 없는 제한적 용법에 한함
2. 관계대명사와의 차이점은 앞에서 언급한 바와 같이 That의 문장에서는 주어나 목적어 및 보어 등이 생략되지 않은 완전한 문장이라는 점임

Where

1. The place whereon thou standest is holy ground. 네가 선 곳은 거룩한 땅이다(출3:5)
   = The place on which you are standing is holy ground.(RSV;출3:5)
   = The place where you are standing is holy ground.(NIV;출3:5)
2. The children of Israel carried them over with them unto the place where they lodged, and laid them down there
   이스라엘 자손들은 그것들(열둘 돌)을 자기들이 유숙할 곳으로 가져다가 거기에 내려놓았다(수4:8).

3. Whither I go ye know, and the way ye know.
   내가 어디로 가는지 너희가 알고 또 그 길도 너희가 알고있다(요14:4)
   = You know the way where I am going.(RSV;요14:4)
   = You know the way to the place where I am going.(NIV;요14:4)
4. In all places where I record my name I will come unto thee, and I will bless thee.
   내가 내 이름이 경배 받는 곳이면 어디에서든지 내가 내려가 너희에게 복 주겠다(출20:24)

When

1. Behold, the days come that I will make a new covenant with the house of Israel, and with the house of Judah.
   내가 이스라엘 집과 유다 집에 새 언약을 체결할 날이 올 것이다(렘31:31)
   = Behold, the days are coming when I will make a new covenant with the house of Israel and the house of Judah.(RSV;렘31:31)
2. The days will come, when ye shall desire to see one of the days of the Son of man, and ye shall not see it.
   너희가 사람의 아들의 날들 중 단 하루를 보고 싶어도 그렇지 못할 때가 올 것이다(눅17:22)
3. The hour cometh, when ye shall neither in this mountain, nor yet at Jerusalem, worship the Father.
   네가 이 산도 아니고 예루살렘도 아닌 데서 아버지께 예배드릴 때가 올 것이다(요4:21)
4. These things have I spoken unto you in proverbs: but the time cometh, when I shall no more speak unto you in proverbs, but I

shall shew you plainly of the Father.
이런 일들은 내가 너희에게 잠언으로 말했으나 다시는 내가 더 이상 잠언으로 말하지 않고 아버지에 관하여 분명하게 보여줄 때가 올 것이다(요16:25)

How

1. Train up a child in the way he should go: and when he is old, he will not depart from it.
   의당히 가야하는 방법대로 아이를 훈련시켜라. 그러면 그가 늙어도 그것을 떠나지 않을 것이다(잠 22:6).
   = Train up a child in the way how he should go: and when he is old, he will not depart from it.
2. God has judged her for the way she treated you.
   하나님께서는 그녀(바빌론)가 너희에게 대해 주었던 방식대로 그녀를 심판하셨다(NIV;계18:20)
   = God has judged her for the way how she treated you.

Why

1. This is why the place west of Kiriath Jearim is called Mahaneh Dan to this day.
   = This is(the reason)why the place west of Kiriath Jearim is called Mahaneh Dan to this day.
   이런 이유로 기럇 여아림 서쪽에 있는 그곳 이름이 오늘날까지도 마하네 단이라고 불려지고 있다(NIV;삿18:12)
2. The reason the Son of God appeared was to destroy the works of the devil.

= The reason(why) the Son of God appeared was to destroy the works of the devil.
하나님의 아드님께서 나타나신 이유는 마귀의 일을 파괴시키기 위해서이다(RSV;요일3:8)

관계부사 및 선행사 생략

1. Ye saw no manner of similitude on the day that the LORD spake unto you in Horeb out of the midst of the fire.
   야훼께서 호렙산 불꽃 가운데서 말씀하실 때 여러분은 그 분의 어떠한 모습도 보지 못했다(신4:15)
   = Ye saw no manner of similitude on the day when the LORD spake unto you in Horeb out of the midst of the fire.
2. This is why I wrote, that I might test you and know whether you are obedient in everything.
   내가 여러분에게 이 글을 쓰는 이유는 여러분이 모든 일에서 순종하는 가를 알아보기 위한 것이다(RSV;고후2:9)
   = This is the reason why I wrote, that I might test you and know whether you are obedient in everything
3. This is the way the holy women of the past who put their hope in God used to make themselves beautiful.
   = This is the way how the holy women of the past who put their hope in God used to make themselves beautiful.
   과거에 하나님에게 소망을 두고 살았던 거룩한 여인들도 이와 같이 단장하곤 했었다(NIV;벧전3:5)

KJV 영문법

계속적 용법

~, where = ~, and there(그리고 거기에서), ~, when = ~, and then(그리고 그때)

1. Only in the land of Goshen, where the children of Israel were, was there no hail.
   (1) 계속적 용법이지만 문맥상 제한적 용법으로 해석해야 문맥이 매끄러움. 독자들을 위해서 두 가지 방법을 다 소개하겠음
   (2) 계속적 용법 (출9:26)
   Only in the land of Goshen, and there the children of Israel were, was there no hail.
   오직 고센 땅에서만, 곧 거기에는 이스라엘 자손이 살고 있었는데 우박이 내리지 않았다
   (3) 제한적 용법
   이스라엘 자손이 살고 있는 고센 땅에만은 우박이 내리지 않았다
2. But the days will come, when the bridegroom shall be taken from them, and then shall they fast.
   (1) 계속적 용법이지만 문맥상 제한적 용법으로 해석해야 문맥이 매끄러움. 독자들을 위해서 두 가지 방법을 다 소개하겠음
   (2) 계속적 용법
   But the days will come, and then the bridegroom shall be taken from them, and then shall they fast.
   그러나 그 날들이 올 것이며, 그때에는 신랑을 그들에게서 빼앗고, 그들도 금식할 것이다(마9:15)
   (3) 제한적 용법
   그러나 신랑을 그들에게서 빼앗길 날들이 올 것이며, 그때에는 그들도 금식할 것이다

3. The night cometh, when no man can work.
= The night cometh, and then no man can work
밤이 곧 오는데, 그 때는 아무도 일할 수 없다(요9:4)

KJV 영문법

접속사

등위접속사

And

그리고, ~와, 또, 및

1. Thy word is a lamp unto my feet, and a light unto my path.
   당신의 말씀은 내 발에 등이요 내 길에 빛입니다(시119:105)
2. Trust in the LORD with all thine heart; and lean not unto thine own understanding.
   마음을 다하여 야훼를 신뢰하고 네 자신의 명철을 의지하지 말라 (잠3:5)

명사 + 명사 : 합(단)일 개념일 때는 단수취급

Slow and steady wins the race.
느려도 착실히 하면 이긴다(드문드문 걸어도 황소걸음)

동사 + 동사 : to 부정사 대용(뒤에 오는 동사는 목적을 나타내는 부정사의 구실을 함;~하러, ~하려고, ~하기 위해;to do, in order to do, so as to do)

Go, I pray thee, see whether it be well with thy brethren, and well with the flocks;and bring me word again.
(야곱이 요셉에게) 가서 네 형들과 양떼가 잘 있는지 보고 오너라 (창37:14)
= Go and see if all is well with your brothers and with the flocks, and bring word back to me.(NIV:창37:14)

Or

혹은, 또는, ~이나

To be or not to be;that is the question.
살 것인가, 죽을 것인가 그것이 문제로다

즉, 바꾸어 말하면(that is, in other words)

He seized the dragon, that ancient serpent, who is the devil, or Satan, and bound him for a thousand years.
그(천사)는 악마요 곧 사탄인 옛 뱀을 잡아서 천년동안 그를 결박했다(NIV;계20:2)

Nor

~도 않다, 또한 ~않다(and not, and not either) : nor + 조동사(be 동사) + 주어

Whoever does not do right is not of God, nor he who does not love his brother.
옳은 일을 하지 않는 사람은 누구든지 하나님의 자녀가 아니다. 또한 형제를 사랑하지 않은 사람도 누구든지 하나님의 자녀가 아니다 (RSV;요일3:10)

But

그러나, 하지만, 하기는 하나, 한편(yet, however, still, on the other hand)

1. A man's heart deviseth his way: but the LORD directeth his steps.
사람이 마음으로 자신의 진로를 계획하지만 야훼께서 그 걸음을 좌지우지 하신다(잠16:9)
2. A merry heart doeth good like a medicine: but a broken spirit drieth the bones.
마음의 즐거움은 양약이지만 심령의 압박은 뼈를 바싹 마르게 한다 (잠17:22)
3. He was oppressed, and he was afflicted, yet he opened not his mouth.
그 분은 학대받고 괴로움을 당하셨지만 그 입을 열지 아니하셨다 (사53:7)

전치사 : ~을 제외하고, 외에는(생략하면 문장이 성립 안됨;other than, except)

1. No portion was given to the Levites in the land, but only cities to dwell in, with their pasture lands for their cattle and their

substance.

레위지파에게는 거주할 성과 가축을 기르는 목초지 외에 나누어 준 땅이 없었다(수14:4)

2. How great you are, O Sovereign LORD! There is no one like you, and there is no God but you, as we have heard with our own ears.

주 야훼여 당신은 정말 위대하십니다! 우리가 귀로 들은 것에 의하면 당신과 같은 이가 없고 당신 외에는 어떤 신도 없습니다(NIV;삼하7:22)

부사 : 그저(~일 따름, ~밖에), 오직(only) (생략해도 문장이 성립됨)

1 Their span is but toil and trouble.

그것들(수명)의 기간은 단지 고통과 슬픔뿐이다(RSV;시90:10)

2. All this is but the beginning of the birth-pangs.

이 모든 것이 단지 재난의 시작에 불과할 뿐이다(RSV;마24:8)

3. But to us there is but one God, the Father, of whom are all things,

그러나 우리에게는 오직 한 분 하나님, 아버지가 계시니, 만물이 그 분에게서 났다(고전8:6)

For

앞에 말한 내용에 대해 원인, 이유를 첨가해서 부가적으로 말할 경우 : 그 까닭은, 왜냐하면 ~이므로

1. Fear God, and keep his commandments: for this is the whole duty of man.

하나님을 경외하고 그 분의 계명을 지켜라. 왜냐하면 이것이 사람의

전적인 의무이기 때문이다(전12:13)

2. Fear thou not; for I am with thee: be not dismayed; for I am thy God
너는 두려워하지 말아라. 왜냐하면 내가 너와 함께 있기 때문이다. 절망하지 말아라. 그 까닭은 내가 너의 하나님이기 때문이다(사41:10)

(독립된 문장을 이끎) 실상, 사실은

And Jesus answered and said unto them, Take heed that no man deceive you. For many shall come in my name, saying, I am Christ;and shall deceive many.
그리고 예수님이 말씀하시기를 어느 누구도 너희를 기만하지 않도록 주의하라. 실상 많은 사람들이 내 이름을 대고 나는 그리스도라 할 것이며 많은 사람들을 속일 것이다(마24:4~5)

상관접속사

부정어(Not, Never, No Longer)
A But B : A가 아니라, B이다

1. Man shall live not by bread alone, but by every word that proceedeth out of the mouth of God.
사람은 떡으로만 살 수 없고 하나님의 입에서 나오는 말씀으로 산다(마4:4)

2. He is not a God of the dead, but of the living.
그분은 죽은 사람들의 하나님이 아니시라 살아 있는 사람들의 하나

님이시다(눅20:38)

3. Ye have not chosen me, but I have chosen you.
너희가 나를 택한 것이 아니라 내가 너희를 택했다(요15:16)

Both(= At Once, Alike) A And B : A도 B도 ~이다(양자 긍정)

Praise our God, all ye his servants, and ye that fear him, both small and great.

= Praise our God, all ye his servants, and ye that fear him, at once(= alike)small and great.

하나님의 종들인 여러분은 모두 곧 그 분을 두려워하는 작은 자 뿐만 아니라 큰 자들 전부 우리 하나님을 찬양하여라(계19:5)

Either A Or B : A이거나 B이다 (양자 택일;동사는 B에 일치시킴)

And whoever says a word against the Son of man will be forgiven;but whoever speaks against the Holy Spirit will not be forgiven, either in this age or in the age to come.

그리고 사람의 아들을 거슬러 말하는 자는 용서받을 수 있어도 성령을 거슬러 말하는 자는 누구든지 이 세상에서나 오는 세상에서 용서받을 수 없다(RSV;마12:32)

부정어(Neither, No Longer) A Nor B : A도 B도 ~아니다(양자 부정;동사는 B에 일치시킴)

But they which shall be accounted worthy to obtain that world,

and the resurrection from the dead, neither marry, nor are given in marriage.
그러나 저 세상과 죽은 자들로부터의 부활을 얻기에 합당하다고 여겨진 자들은 장가도 시집도 가지 아니한다(눅20:35)

Not Only(=Merely) A But(Also) B = B As Well As A : A뿐만 아니라 B도 ~이다(동사는 B에 일치시킴)

I am ready not to be bound only, but also to die at Jerusalem for the name of the Lord Jesus.
나는 주 예수의 이름을 위하여 예루살렘에서 결박을 당할 것뿐만 아니라 죽을 준비도 되어있다(행21:13)

= I am ready not only to be imprisoned but even to die at Jerusalem for the name of the Lord Jesus.(RSV;행21:13)

= I am ready not only to be bound, but also to die at Jerusalem for the name of the Lord Jesus.

= I am read to die as well as to be bound at Jerusalem for the name of the Lord Jesus.

= I am ready both(= at once, alike) to be bound and to die at Jerusalem for the name of the Lord Jesus.

= I am ready to be bound, and to die at Jerusalem for the name of the Lord Jesus as well(= besides, into the bargain, in addition, additionally).

종속접속사

조건접속사

Once 일단(한번) ~하면, ~하자마자

When once the master of the house is risen up, and hath shut to the door, and ye begin to stand without, and to knock at the door, saying, Lord, Lord, open unto us;and he shall answer and say unto you, I know you not whence ye are.

일단 집주인이 일어나서 문을 닫으면 너희는 밖에 서서, 문을 두드리기 시작하며 "주인님, 주인님, 문을 열어 주소서."라고 졸라도 주인은 너희에게 대답하여 말하기를 "나는 너희가 어디서 왔는지 모르겠다"고 할 것이다.(눅13:25)

= Once the owner of the house gets up and closes the door, you will stand outside knocking and pleading, 'Sir, open the door for us.' But he will answer, 'I don't know you or where you come from.'(NIV;눅13:25)

As(= So) Long As

1. ~만큼, ~이나 오랫동안

Can the children of the bridechamber mourn, as long as the bridegroom is with them?

신혼 방의 아이들이 신랑과 함께 있는 동안 슬퍼할 수 있겠느냐? (마9:15)

2. ~인(하는) 한, 이라면(인 이상) : Provided, Providing, Suppose, Supposing (That), On Condition (That)

As long as the son of Jesse liveth upon the ground, thou shalt not be established, nor thy kingdom.
이새의 아들이 이 세상에 살아있는 한 너는 왕국을 세우지 못할 것이다(삼상20:31)

As(= So) Far As

1. (장소;명사, 구) ~까지
   It brought them down all around the camp to about three feet above the ground, as far as a day's walk in any direction.
   야훼께서 그것들(메추라기)을 몰고 오셔서 진영과 그 주변 일대에 떨어지게 하되, 진영에서 사방으로 하룻길 떨어진 지역까지 메추라기가 지면 위 약 1미터 높이로 날아다니게 하셨다(NIV;민11:31)
2. (범위) ~이 미치는 한
   If possible, so far as it depends upon you, live peaceably with all.
   가능하다면 곧 그것이 너희에게 달려있다면 모든 사람으로 더불어 화평 하라(롬12:18)
3. so far as ~go = as far as ~be concerned ~에 관한 한
   (단, 사람이 주어인 구문에서 go는 사용할 수 없음)
   As far as the gospel is concerned, they are enemies on your account;but as far as election is concerned, they are loved on account of the patriarchs,
   복음으로 하면 그들은 너희 때문에 원수 된 자 이지만 선택받음으로 하면 조상들로 말미암아 사랑을 받은 자이다(NIV;롬11:28)

이유접속사

Because

1. Why에 대한 대답

Has not the LORD made them one? In flesh and spirit they are his. And why one? Because he was seeking godly offspring.

야훼께서는 그들이 한 몸이 되게 하시지 않으셨냐? 그들은 영육 간에 그분에게 속해있다. 그리고 그 분은 어찌하여 하나만 지으셨느냐? 이는 그 분이 경건한 후손을 얻고자 하시기 때문이다(NIV;말2:15).

2. 필연적인 원인에 사용됨 : ~이기 때문에, ~라는 점에서(= As, Since, Now That, In That, Seeing That, Considering That, On The Ground That)

On Account Of = On The Ground Of = Because Of = Owing To = Dew To ~ 때문에

Because iniquity shall abound, the love of many shall wax cold.

불법이 늘어나 많은 사람들의 사랑이 식어질 것이다(마24:12)

= Because wickedness is multiplied, most men's love will grow cold.(RSV;마24:12)

= As (= Since, Now that, Seeing that, On the ground that) wickedness is multiplied, most men's love will grow cold.

= Because of (= Owing to, On account of, On the ground of) the increase of wickedness, most men's love will grow cold.

= The increase of wickedness prevents (= prohibits, hinders, keeps) most men from loving passionately.

불법이 늘어나 대부분의 사람들이 열정적으로 사랑할 수 없다

= The increase of wickedness forbids most men to love passionately.

= Wickedness is so multiplied that most men's love will grow cold
= Wickedness is so multiplied that most men cannot love passionately.
= Wickedness is too multiplied for most men to love passionately.

Not That(= Because) A But That(= Because) B : A때문이 아니라 B 때문이다

Now I pray to God that ye do no evil; not that we should appear approved, but that ye should do that which is honest, though we be as reprobates.
이제 나는 여러분이 악을 행하지 아니하도록 하나님께 기도한다. 이는 우리가 인정받은 자로 나타나려는 것이 아니라, 우리가 버림받은 자인 것처럼 보일지라도 여러분으로 하여금 정직한 일을 행하게 하려는 것이기 때문이다(고후13:7)

시간접속사

As

1. ~하는 동안, ~때, ~함에 따라서(when, while)
   When the sun was going down, a deep sleep fell upon Abram.
   해질 무렵에 아브람이 깊이 잠들었다(창15:12)
   = As the sun was going down, a deep sleep fell on Abram. (RSV;창15:12)
2. (Just) As A, So B : A 와(한 것과) 마찬가지로 (같은 방법으로, 처럼 그렇게) B 하다
   (1) As a dog returneth to his vomit, so a fool returneth to his folly.

개가 토한 것을 다시 먹는 것처럼 어리석은 자는 미련한 짓을 되풀이한다(잠26:11)

(2) All things come alike to all: there is one event to the righteous, and to the wicked;to the good and to the clean, and to the unclean;to him that sacrificeth, and to him that sacrificeth not: as is the good, so is the sinner
모든 것이 모든 사람에게 똑같이 임한다. 의로운 자와 악한 자, 선하고 깨끗한 자와 불결한 자, 희생제를 드리는 자와 희생제를 드리지 않는 자에게 한 가지 일이 있다. 선한 사람과 죄인이 마찬가지이다.(전9:2)

(3) As thou knowest not what is the way of the spirit, nor how the bones do grow in the womb of her that is with child: even so thou knowest not the works of God who maketh all.
영의 길이 어떤 것인지, 아이를 밴 여인의 태에서 뼈들이 어떻게 자라는지 네가 알 수 없듯이 만물을 지으신 하나님의 사역을 이해할 수 없다.(전11:5)

(4) As the new heavens and the new earth, which I will make, shall remain before me, so shall your seed and your name remain.
내가 만들 새 하늘과 새 땅이 내 앞에 존속하는 것처럼 너희 후손과 너희 이름도 항상 있을 것이다(사66:22)

(5) But as the days of Noe were, so shall also the coming of the Son of man be.
그러나 노아의 때와 같이 사람의 아들의 임함도 그러할 것이다(마24:37)

(6) Now as Jannes and Jambres withstood Moses, so do these also resist the truth.

이제 얀네와 얌브레가 모세를 대적한 것같이 이들도 또한 진리를 대적한다(딤후3:8)

(7) As the body without the spirit is dead, so faith without works is dead also.
영혼 없는 몸이 죽은 것같이 행함이 없는 믿음도 역시 죽은 것이다(약2:26)

when

1. (~하는) 때에

When thou cuttest down thine harvest in thy field, and hast forgot a sheaf in the field, thou shalt not go again to fetch it: it shall be for the stranger, for the fatherless, and for the widow: that the LORD thy God may bless thee in all the work of thine hands. When thou beatest thine olive tree, thou shalt not go over the boughs again: it shall be for the stranger, for the fatherless, and for the widow. When thou gatherest the grapes of thy vineyard, thou shalt not glean it afterward: it shall be for the stranger, for the fatherless, and for the widow. And thou shalt remember that thou wast a bondman in the land of Egypt: therefore I command thee to do this thing.

네가 들에서 추수할 때 곡식 한 단을 잊어버렸거든 그것을 가지러 다시 가지 말라. 그것은 외국인과 아비 없는 자와 과부를 위한 것이 될 것이다. 그러면 야훼 너의 하나님께서 네 손으로 하는 모든 일에 복을 주실 것이다. 너는 올리브 나무를 떤 후에 그 가지를 다시 살피러 가지 말라. 그것은 외국인과 아비 없는 자와 과부를 위한 것이 될 것이다. 너는 포도원에서 포도를 거둔 후에 그 남은 것을 다시 줍지 말

라. 그것은 외국인과 아비 없는 자와 과부를 위한 것이 될 것이다. 그리고 너는 네가 이집트 땅에서 종살이하던 일을 기억하라. 그러므로 내가 네게 이 일을 행하라고 명령하는 것이다(신24:19~22)

2. ~하면, ~이면(if, in the event that)

(1) When a man's ways please the LORD, he maketh even his enemies to be at peace with him.
사람의 행동이 야훼를 기쁘게 하면 야훼께서는 심지어 그 사람의 원수라도 그와 더불어 화목하게 지내게 하신다(잠16:7)

(2) And ye shall seek me, and find me, when ye shall search for me with all your heart.
그리고 너희가 전심으로 나를 찾기만 하면 나를 찾고 만날 것이다(렘29:13)

3. ~임에도 불구하고, ~인데도(although, though)

(1) And when ye spread forth your hands, I will hide mine eyes from you: yea, when ye make many prayers, I will not hear: your hands are full of blood.
너희가 손을 내민다하여도 나는 너희에게서 내 눈을 가리우겠다. 정녕, 너희가 많이 기도할 지라도 내가 듣지 않을 것이다. 말하자면 너희 손에 피가 가득하기 때문이다(사1:15)

(2) But when ye shall hear of wars and commotions, be not terrified: for these things must first come to pass;but the end is not by and by.
그러나 너희가 전쟁과 소요의 소문을 듣더라도 두려워하지 말라. 왜냐하면 이런 일이 반드시 먼저 일어나야 하지만 당장 종말이 오지는 않기 때문이다(눅21:9)

Whenever ~할 때마다(every time, each time, at any time, at whatever time)

Consider it pure joy, my brothers, whenever you face trials of many kinds,
= Consider it pure joy, my brothers, every(= each) time you face trials of many kinds,
형제 여러분, 여러 가지 시련을 만날 때마다 그것을 온전히 기쁘게 여겨라(NIV;약1:2)

While

1. ~하는 동안
"In your anger do not sin": Do not let the sun go down while you are still angry,
화를 내되 죄는 짓지 말라. 이를테면 해가 지도록 분노를 품지 말라(NIV:엡4:26)
2. ~하면서도, ~하지만(although)
While they promise them liberty, they themselves are the servants of corruption: for of whom a man is overcome, of the same is he brought in bondage.
그들에게 자유를 약속하나 그들 자신은 타락의 종들이니 누구든지 정복을 당하는 자는 정복한 사람의 종이 되는 것이다(벧후2:19)
3. 그런데 한편(whereas), 그리고(and)
I tell you the truth, you will weep and mourn while the world rejoices. You will grieve, but your grief will turn to joy.
내가 너희에게 진실을 말한다. 너희는 울고 애통할 것이나 세상은 기뻐할 것이며, 너희는 슬퍼하겠으나 너희의 슬픔은 기쁨이 될 것이다

(NIV;요16:20)

Before ~전에

1. Before I was afflicted I went astray.
   내가 고난 당하기 전에는 잘못된 길을 갔다(시119:67)
2. Before I formed thee in the belly I knew thee;and before thou camest forth out of the womb I sanctified thee, and I ordained thee a prophet unto the nations.
   내가 너를 모태에서 짓기도 전에 알았고, 네가 태어나기도 전에 너를 성별하여 민족의 선지자로 예정하였다(렘1:5)

Not A Until/Till B = It Not Till B That A(It~That의 강조구문) = Not Till/Only After/Only When + B + 조동사 + A(주어 + 원형동사) (부정부사 + 조동사 + 주어 + 본동사) : B하고 나서야 비로소 A하다/A하기 전에 B하다

1. Thou shalt not be purged from thy filthiness any more, till I have caused my fury to rest upon thee.
   = It is not till I have caused my fury to rest upon thee that Thou shalt be purged from thy filthiness any more.
   = Not until(= Only after, Only when) I have caused my fury to rest upon thee shalt thou be purged from thy filthiness any more.
   내가 진노를 네 위에 놓고 나서야 비로소 너는 더러움으로부터 깨끗케 될 것이다(겔24:13)
2. Tell the vision to no man, until the Son of man be risen again from

the dead.
사람의 아들이 죽은 사람들 가운데서 살아나서야 비로소 사람들에게 그 광경을 말하라(마17:9)

3. But I tell you of a truth, there be some standing here, which shall not taste of death, till they see the kingdom of God.
그러나 내가 너희에게 한 진실을 말한다. 여기에 서 있는 사람들 중에 죽기 전에 하나님의 나라를 볼 자들도 있다(눅9:27)

양보접속사

Though, Although, If, Even If, Even Though, Grant(Granted, Granting) That : 비록 ~일지라도, 가령 ~이라 하더라도, 설사 ~이라 할지라도
In Spite Of, Despite, After All, For All, With All, In The Face Of, Notwithstanding : ~에도 불구하고, ~을 무릅쓰고, ~을 무시하고)

Then I beheld all the work of God, that a man cannot find out the work that is done under the sun: because though a man labour to seek it out, yet he shall not find it;yea further; though a wise man think to know it, yet shall he not be able to find it.
그때 내가 하나님의 사역을 모두 살펴보니, 해 아래서 행해진 사역을 사람은 깨달을 수 없다. 사람이 그것을 찾아내려고 수고할지라도 찾지 못한다. 정녕 현명한 자가 그것을 안다고 생각할지라도 그것을 찾아낼 수 없다(전8:17)

= Then I saw all the work of God, that man cannot find out the work that is done under the sun. However much man may toil in seeking, he will not find it out; even though a wise man claims to know, he cannot find it out.(RSV;전8:17)

= Then I saw all that God has done. No one can comprehend what goes on under the sun. Despite all his efforts to search it out, man cannot discover its meaning. Even if a wise man claims he knows, he cannot really comprehend it.(NIV;전8:17)

= Then I saw all that God has done. No one can comprehend what goes on under the sun. In spite of(= After all, For all, With all, In the face of, Notwithstanding)all his efforts to search it out, man cannot discover its meaning. Even though(= Though, Although, Grant, Granted, Granting that)a wise man claims he knows, he cannot really comprehend it.

Be It Ever So + 형용사(부사) = 의문사 + Ever + 형용사(부사) + It May Be = No Matter 의문사 + 형용사(부사) + It May Be : 비록 ~일지라도

May God deal with you, be it ever so severely, if you hide from me anything he told you.

= May God deal with you, however severely it may be, if you hide from me anything he told you.

= May God deal with you, no matter how severely it may be, if you hide from me anything he told you.

너에게 말씀하신 내용을 나에게 숨긴다면 그 벌이 아무리 심하다 할지라도 하나님께서 너에게 벌을 내리실 것이다(삼상3:17)

형용사와 비교

형 용 사

용법

한 정 용 법

1. 형용사가 명사의 앞에서 명사수식

   Living creatures are remarkably diversified in their size and shapes.

   생물은 크기와 형태로 현저하게 분류된다(82. 8 TOEFL)

2. 형용사가 명사의 뒤에서 명사수식

   (1) 두 개 이상의 형용사가 명사를 수식할 때

   There are thousands of varieties of fungi, both edible and poisonous.

   먹을 수 있지만 독이 있는 수천 가지의 곰팡이가 있다

   (2) ~thing, ~body, ~one, ~were + 형용사

   1) Again I saw something meaningless under the sun.

또 나는 세상에서 헛된 것을 보았다(NIV;전4:7)

2) There is nothing hid, which shall not be manifested.

숨겨진 것이 드러나지 않을 것이 없다(막4:22)

3) Now we pray to God that you will not do anything wrong.

이제 우리는 여러분이 악을 저지르지 않도록 하나님께 기도한다(NIV;고후13:7)

(3) 최상급, all, every + 명사 + 형용사(~able, ~ible로 끝남)

1) This is the best method conceivable.

이것이 생각해 낼 수 있는 최선의 방법이다

2) I tried all means imaginable.

나는 생각할 수 있는 모든 수단을 다 썼다

(4) 명사 + 서술용법의 형용사

1) He is the greatest artist alive.

그는 살아있는 화가 중에서 최고다

2) All fish asleep stay still.

자고 있는 물고기는 가만히 있다

서술용법 : a ~로 시작되는 형용사 : afraid, awake, asleep, ashamed, aware 등

1. Some antibiotics used in the treatment of human disease are alike only in that they are obtained from fungi and bacteria.

   인간의 병 치료에 사용된 항생제는 단지 균상종과 박테리아에서 추출했다는 점에서 동일한 것들이 있다(81. 5 TOEFL)

2. The guerrillas' intention is to capture him alive.

   유격병의 의도는 그를 산채로 체포하는 것이다(85. 11 현대그룹)

3. She stayed awake all night.

그녀는 밤새도록 자지 않고 있었다

4. The American dream doesn't come to those who fall asleep.
아메리칸 드림은 잠자는 자들에게는 오지 않는다

The + 형용사(분사)

복 수 보 통 명 사

1. Defend the poor and fatherless: do justice to the afflicted and needy. Deliver the poor and needy: rid them out of the hand of the wicked.
너희는 가난한 자와 고아를 지켜주며, 고난을 당하며 빈궁한 자에게 정의를 베풀어라. 가난한 자와 빈궁한 자를 구해주며 그들이 악한자의 손에서 구해주어라(시82:3~4)

2. Light is sown for the righteous, and gladness for the upright in heart.
의로운 자에게는 빛이 비춰며 마음이 정직한 자에게는 기쁨이 있을 것이다(시97:11)
3. The child shall behave himself proudly against the ancient, and the base against the honourable.
어린아이가 오만하게 노인에게 대들고 천한 자가 존귀한 자를 무시할 것이다(사3:5)
4. But the redeemed shall walk there. And the ransomed of the LORD shall return.
오직 구원받은 사람만이 거리를 걸어가며 야훼께 속량받은 사람이 돌아올 것이다(사35:9~10)
5. He is the one whom God appointed as judge of the living and the dead.

그 분은 하나님께서 살아 있는 사람들과 죽은 사람들의 심판관으로 정하신 사람이다(NIV;행10:42)

단 수 보 통 명 사

1. The deceased was a great artist.
   고인은 위대한 예술가였다
2. The accused was acquitted.
   피고인은 석방되었다

추 상 명 사

1. The True = Truth 진 The Good = Goodness 선 The Beautiful = Beauty
2. Thy judgments are a great deep.
   당신의 심판은 매우 깊은 심연과도 같습니다(시36:6)
3. The good that I would I do not: but the evil which I would not, that I do.
   내가 하는 것은 내가 행하기를 원하는 선이 아니라 악이다(롬7:19)

분수

분자를 먼저 읽고 분모는 나중에 읽음(분자 = 기수; 분모 = 서수; 분자 복수 = 분모 복수; 분자, 분모의 수가 클 때 모두 기수로 표현 = 분자 + over or by + 분모)

1. 1/2 : a half/one half 1/3 : one third 2/3 : two thirds 1/4 : one fourth/a quarter 3/4 : three fourths/three quarters 4 2/7 : four and two sevenths 28/67 : twenty-eight over(= by) sixty-seven

2. In the whole land two thirds shall be cut off and perish, and one third shall be left alive.
   전 국토의 3분의 2가 멸망하여 죽고 3분의 1만 남을 것이다(RSV;슥 13:8)
3. One sixth of an ephah from each homer of wheat, and one sixth of an ephah from each homer of barley.
   밀은 한 호멜 수확에 6분의 1 에바를, 보리는 한 호멜 수확에 6분의 1 에바를 바쳐라(RSV;겔45:13)

Every + 서수 + 단수명사 = Every + 기수 + 복수명사

1. Every second day = Every other day
   하루 걸러서
2. Write on every other line.
   한 줄씩 걸러서 써라
3. Bring your sacrifices every morning, your tithes every three days.
   = Bring your sacrifices every morning, your tithes every third day.
   아침마다 희생제물을 드리고 삼일마다 십일조를 드려라(RSV;암4:4)

배수사

배수사(분수) + as 원급 as = 배수사 + the + 명사 + of(3배 이상 : 기수 + times as 원급 as);~times as many~as(수), ~times as much ~as(양)

1. He has twice as many books as you have. = He has twice the number of your books.
   그의 책은 너의 책의 2배나 된다

2. Africa is four times as large as Europe. = Africa is four times the size of Europe.
아프리카의 넓이가 유럽의 4배나 된다
3. It shall be twice as much as they gather daily.
그것은 그들이 매일 거두어들인 것보다 갑절이 될 것이다(출16:5)

수사 + 명사

1. 순서개념이 있을 경우 : the + 서수 + 명사 = 명사 + 기수
   (1) Book VII;Book seven / The seventh book 7권
   (2) Chapter VIII : Chapter eight / The eighth chapter 제 8장
   (3) Volume 9 : Volume nine / The ninth volume 제 9권
   (4) Act IV : Act four / The fourth act 제 4막
   (5) World War II : World War Two / The Second World War 세계 2차 대전
   (6) Lesson 11 : Lesson eleven / The eleventh lesson 제 11과
   (7) P. 2 : Page two / The second page 제 2쪽
2. 순서개념이 없을 경우 : 명사 + 기수
gate seven : 7번 문 track eight : 8번 트랙 car nine : 9호차

수사-단수명사 + 명사

1. the first five-year plan
제 1차 5계년 계획
2. a five-foot-high tree
5피트 크기의 나무
3. I have to write a five-thousand-word paper on national politics.
나는 5천자로 구성된 국가 정치학에 대한 논문을 써야한다

4. This is a three-letter word.
   이것은 세 글자로 된 것이다(84. 11 쌍용그룹)
5. They are all over seven-foot-tall players.(83. 5 사법고시)
6. The common field mouse is about four inches long and has a three-inch tail.
   보통 들쥐는 길이가 대략 4인치이고 꼬리가 3인치이다 (86. 12 TOEFL)
7. Richard J. Daley, first elected mayor of Chicago in 1955, was serving his sixth consecutive four-year term as mayor at the time of his death.
   Richard J. Daley씨는 1955년 최초로 시카고 시장으로 선출되었는데 그가 사망할 즈음에 잇달아 6번째 4년 임기의 시장 직무를 수행하고 있었다(87. 3 TOEFL)

비 교

동등비교

긍정 : as + 원급 + as(~만큼 ~하다)

1. Then did I beat them as small as the dust of the earth.
   그런데 나는 그들을 땅의 먼지처럼 산산히 부수었다(삼하22:43)
2. Because you consider yourself as wise as a god,
   네(두로)가 자신이 신처럼 슬기롭다고 생각하기 때문이다(RSV;겔 28:6)
3. Therefore be as shrewd as snakes and as innocent as doves.

그러므로 여러분은 뱀처럼 슬기롭고 비둘기처럼 순결 하라(NIV;마 10:16)

4. His head and his hairs were white like wool, as white as snow.
   그 분의 머리와 머리카락은 양털같이 곧 눈같이 희었다(계1:14)
5. Then the angel showed me the river of the water of life, as clear as crystal, flowing from the throne of God and of the Lamb
   그리고 그 천사는 수정처럼 빛나며 하나님과 어린양 보좌에서 흘러나오는 생명수의 강을 나에게 보여주었다(NIV;계22:1)

부정 : not so (=as) + 원급 + as(~만큼 ~하지않다)

1. Forasmuch as God hath shewed thee all this, there is none so discreet and wise as thou art.
   하나님께서 이 모든 일을 너에게 알게 하셨기 때문에 너처럼 총명하고 지혜로운 사람이 없다 (창41:39)
2. We have no one so skilled in felling timber as the Sidonians.
   우리 나라에는 시돈 사람처럼 벌목을 잘 하는 사람이 없다(NIV;왕상 5:6)

열등비교

less + 원급 + than(~보다 덜 ~하다)

1. Bethany was less than two miles from Jerusalem,
   베다니는 예루살렘에서 채 2마일도 조금 못되는 곳이다(NIV;요 11:18)
2. Unto me, who am less than the least of all saints, is this grace given, that I should preach among the Gentiles the unsearchable

riches of Christ.
모든 성도들 중 가장 보잘것없는 사람보다 더 보잘것없는 나에게 이 은혜를 주신 것은 이방인들 가운데 헤아릴 수 없는 그리스도의 풍성함을 전파하게 하려는 것이다(엡3:8).

우월(등)비교

비 교 급 + than

1. From his shoulders and upward he was higher than any of the people.
그(사울)는 다른 사람들보다 어깨 위만큼 컸다(삼상9:2)
2. The law of thy mouth is better unto me than thousands of gold and silver.
당신의 입에서 나온 율법은 저에게 천만금보다 더 귀합니다(시 119:72)
3. A stone is heavy, and the sand weighty;but a fool's wrath is heavier than them both.
돌도 무겁고 모래도 무겁지만 미련한 자가 화내는 것은 그보다 더 무겁다(잠27:3)
4. What more can the king's successor do than what has already been done?
왕의 자리를 이어받은 사람이 이전의 왕들이 이미 이룩한 일보다 더 나은 것을 할 수 있겠는가?(NIV;전2:12)
5. The punishment of the iniquity of the daughter of my people is greater than the punishment of the sin of Sodom
내 백성의 딸이 저지른 불법 때문에 받는 형벌은 소돔이 받은 형벌보다 더 심각하다(애4:6)

6. I desired mercy, and not sacrifice;and the knowledge of God more than burnt offerings.
나는 자비를 원하고 희생제사를 원치 아니하며 번제보다 하나님을 아는 것을 원한다(호6:6)
7. He found them ten times better than all the magicians and astrologers that were in all his realm.
그(느브갓네살)는 그들이 자신의 왕국 도처에 있는 마술사와 점성가의 모든 이들보다도 열배나 더 낫다는 것을 알았다(단1:20)
8. Be they better than these kingdoms? or their border greater than your border?
그들이 이 왕국들(유다와 이스라엘)보다 더 잘 사는가? 그들의 영토가 너희 영토보다 넓은가?(암6:2)
9. The servant is not greater than his lord;neither he that is sent greater than he that sent him.
종은 주인보다 높지 못하고 보냄을 받은 자는 보낸 자보다 높지 못하다(요13:16)
10. It were better for me to die, than that any man should make my glorying void.
나의 자랑거리가 무익하게 되기보다는 차라리 죽는 편이 낫다(고전9:15)

라틴어(어미가 ~or 인 형용사)비교급 : than 대신 to를 사용

1. You prefer strangers to your own husband!
너희는 남편보다 다른 남자들을 선호한다(NIV;겔16:32)
2. I was not at all inferior to these superlative apostles, even though I am nothing.

나는 별볼일 없는 사람이지만 이 탁월한 사도들보다 조금도 못하지 않다(RSV;고후12:11)

3. When he had made purification for sins, he sat down at the right hand of the Majesty on high, having become as much superior to angels as the name he has obtained is more excellent than theirs.
그분은 우리의 죄들을 정결케 하시고 높은 곳에 위엄 있는 분의 오른편에 앉으셨고 천사들보다 더 월등하게 되셔서 그들보다 훨씬 뛰어난 이름을 유업으로 받으셨다(RSV;히1:3~4)

동일인, 성질, 상태 비교

More + 원급 + than

He was more angry than sad.
그는 슬프기보다는 화가 났다

Not so much A as B = Not A so much as B = Less A than B = B rather than A : A라기 보다는 오히려 B이다

1. Whosoever shall receive one of such children in my name, receiveth me: and whosoever shall receive me, receiveth not me, but him that sent me.
내 이름으로 이런 어린 아이 한 사람을 영접하는 사람은 누구든지 나를 영접하는 것이며 나를 영접하는 사람은 누구든지 나를 영접함이 아니요 나를 보내신 그분을 영접하는 것이다 (막9:37)
= Whosoever shall receive one of such children in my name, receiveth me: and whosoever shall not so much receiveth me as him that sent me.

2. If anyone has caused grief, he has not so much grieved me as he has grieved all of you.
어떤 사람이 슬픔을 초래하였다면 그는 나를 슬프게 한 것이 아니라 여러분 모두를 슬프게 한 것이다(NIV;고후2:5)
3. A day in thy courts is better than a thousand. I had rather be a doorkeeper in the house of my God, than to dwell in the tents of wickedness.
당신의 성전에서 보내는 하루는 다른 곳에서 보내는 천 날보다 낫습니다. 나는 악인의 장막에 거하는 것보다 내 하나님의 집의 문지기로 있는 것이 더 좋습니다(시84:10)
4. Receive my instruction, and not silver;and knowledge rather than choice gold.
여러분은 은보다 내 교훈을, 정금보다 지식을 받아들여라(잠8:10)
5. Neither give heed to fables and endless genealogies, which minister questions, rather than godly edifying which is in faith: so do.
꾸며낸 이야기와 끝없는 족보에 주의하지 말라. 이런 것은 믿음 안에 있는 경건한 덕을 세우기보다는 오히려 변론을 일으킨다(딤전1:4)

The + 비교급

of A and B, of the two 앞에서

And Israel stretched out his right hand, and laid it upon Ephraim's head, who was the younger.

= And Israel stretched out his right hand, and laid it upon Ephraim's head, who was the younger(of the two).

그리고 이스라엘(야곱)은 에브라임이 차남인데도 그의 오른 손을 뻗

쳐 에브라임의 머리 위에 얹었다(창48:14)

원인, 이유 부사구(절) : ~ 때문에 더욱 더 ~하다(the : 지시부사)

1. They hated him yet the more for his dreams, and for his words.
   그들은 그(요셉)의 꿈 이야기와 그가 말한 내용 때문에 그를 더욱 미워하였다(창37:8)
2. I sent him therefore the more carefully, that, when ye see him again, ye may rejoice, and that I may be the less sorrowful.
   그래서 그를 더욱더 보내기를 원한다. 그 목적은 여러분이 그를 다시 보고 기뻐하게 하려는 것이며 내 근심도 덜게 하려는 것이다(빌2:28)

절대비교급 : 비교의 대상이 없는 경우

the younger generation : 신세대
the higher education : 고등교육
the upper class : 상류계급
the greater part : 대부분

The + 비교급 ~, the + 비교급 ~

~하면 할수록 더욱더~하다 (전자의 the는 관계부사, 후자의 the는 지시부사)

1. The more words, the more vanity.
   말이 많으면 공허감이 깊어진다(RSV;전6:11)
2. As they were increased, so they sinned against me.(호4:7)
   = The more they increased, the more they sinned against me.

(RSV;호4:7)

그들(제사장들)이 많으면 많아질수록 그들은 나에게 더 많이 범죄 한다(호4:7)

비교급 + and + 비교급 = Be + getting + 원급 : 점점 더 ~하다

1. And the hand of the children of Israel prospered, and prevailed against Jabin the king of Canaan.(삿4:24)
   = And the hand of the people of Israel bore harder and harder on Jabin the king of Canaan.
   그리고 이스라엘 손은 점점 강해져서 가나안 왕 야빈을 대적하였다(RSV;삿4:24)
2. The sea was getting rougher and rougher.
   파도가 점점 더 거세게 일어났다(NIV;욘1:11)

최상급

원급

부정어구 + so + as

as ~ as any + 명사 : 어느 누구에게도 못지 않게 ~한

as ~ as ever + 과거동사 : 지금까지 ~ 한 누구에게도 못지 않게 ~한

비교급

부정어구 + 비교급 + than

비교급 + than + any other + 단수

(all) the other + 복수
anything(~body, ~one) else
have never + p.p. 비교급

최상급

the + 최상급 + of + 복수
in + 단수

King Solomon passed all the kings of the earth in riches and wisdom.
부와 지혜에 있어서 솔로몬 왕은 지상의 모든 왕을 능가했다(대하 9:22)

= King Solomon excelled all the kings of the earth in riches and in wisdom.(RSV;대하9:22)

= King Solomon was greater in riches and wisdom than all the other kings of the earth.(비교급;솔로몬 왕은 세상의 어느 다른 왕들보다도 부유하고 지혜로웠다;NIV;대하9:22)

= King Solomon was greater in riches and wisdom than any other king of the earth.(비교급)

= King Solomon was greater in riches and wisdom than anyone else of the earth.(비교급)

= No(other)king of the earth was greater in riches and wisdom than King Solomon.(비교급;세상의 어느 왕도 솔로몬보다 부유하거나 지혜롭지 못하다)

= No(other)king of the earth was so great in riches and wisdom as King Solomon.(원급)

= King Solomon was as great in riches and wisdom as any king of the earth.(원급) .

= King Solomon was the greatest in riches and wisdom of all the kings of the earth.(최상급;솔로몬은 세상에서 가장 부유하고 지혜로운 왕이다)

2. There remaineth yet the youngest.
   아직 막내가 있습니다(삼상16:11)
3. All the people from the least even unto the greatest came near,
   가장 낮은 사람으로부터 가장 높은 사람에 이르기까지 온 백성이 그(예레미야 선지자)에게 가까이 왔다(렘42:1)
4. Christ Jesus came into the world to save sinners;of whom I am chief.(딤전1:15)

   = Christ Jesus came into the world to save sinners. And I am the foremost of sinners.

   그리스도 예수께서 죄인들을 구원하시기 위해 세상에 오셨는데 나는 죄인 중에서 두목이다 (딤전1:15)

KJV
영문법

전치사

부사적 대격

시간, 거리, 방법, 정도를 표시할 때는 전치사가 생략됨

Joseph lived an hundred and ten years.
= Joseph lived (for) an hundred and ten years.
요셉은 110세까지 이집트에서 살았다(창50:22)

장소의 전치사

~에(서) at

at : 좁은 장소(at < 시 < in; 번지)
in : 넓은 장소, 내부에 속함(거주지명)
on : 거리 명

1. The hotel is at 24 Sejongno.
   그 호텔은 세종로 24가에 있다

2. Violets grow wild in most temperate regions of the world.
제비꽃은 세계의 대부분 온대 지역에서 야생으로 자란다
3. I live on 45th Street.
나는 45가에 산다

정지상태

on : 표면에 접촉된 위 지점, 천장이나 벽면에
부착된 것〈~〉beneath : 표면에 접촉된 아래 지점
over : 표면에서 수직으로 높은 지점
〈~〉under : 표면에서 수직으로 내려간 지점
above : 막연하게 위쪽을 가리킴
〈~〉below : 막연하게 아래를 나타냄
up : 위로 올라가는 운동의 방향
〈~〉down : 아래로 내려가는 운동의 방향

1. Know therefore this day, and consider it in thine heart, that the LORD he is God in heaven above, and upon the earth beneath: there is none else.
그러므로 오늘 여러분은 야훼께서 온 우주의 하나님이시며 그분과 같은 다른 신이 없음을 명심하여라(신4:39)
2. To every thing there is a season, and a time to every purpose under the heaven.
세상의 모든 일은 다 시기가 있고 모든 목적에는 때가 있다(전3:1)
3. The disciple is not above his master, nor the servant above his lord.
제자가 그 선생보다 또는 그 종이 그 주인보다 높지 못하다(마10:24)

KJV
영문법

방위

in : 내부에 포함될 때
on : 접촉, 인접할 때
to : 떨어져 있을 때

1. Korea is in the east of Asia.
   한국은 아시아 동쪽에 있다
2. Seoul is on the north of Inchon.
   서울은 인천 북쪽에 있다
3. The hotel is about ten kilometers to the south of Seoul.
   그 호텔은 서울 남쪽으로 약 10킬로 떨어져 있다

~앞에/~의 뒤에

before = in front of : ~앞에
〈~〉behind = after : ~의 뒤에

1. Thou preparest a table before me in the presence of mine enemies.
   당신은 제 원수의 면전에서 제 앞에 식탁을 마련하셨습니다(시23:5)
2. I will cast down your slain men before your idols.
   내가 네 백성을 우상들 앞에서 살해할 것이다 (겔6:4)
   = I will slay your people in front of your idols.(NIV;겔6:4)
3. Behind him were there red horses, speckled, and white.
   그 사람 뒤에는 붉은 말과 밤색 말과 흰 백마가 있었다(슥1:8)
4. A woman, which was diseased with an issue of blood twelve years, came behind him, and touched the hem of his garment.
   12년 동안 피를 흘리며 앓던 한 여인이 그 분(예수님)의 뒤에 와 옷자락을 만졌다(마9:20)

5. Put the object after the verb.
   동사 뒤에 목적어를 두어라

~ 주위에

about : 막연한 주위
round : 운동상태
around : 정지상태

1. They were standing about the table.
   그들은 테이블 둘레에 서 있었다
2. I travel round the world.
   나는 세계 일주 여행을 했다
3. She admired the scenery around her.
   그녀는 주위의 경치에 감탄하였다

~의 옆에

near : 가까이(근처에)
by : 바로 곁에
beside = next to : 옆면에

1. After him repaired Binnui the son of Henadad another piece.(느 3:24)
   = Next to him, Binnui son of Henadad repaired another section.
   그의 다음에는 헤나닷의 아들 빈누이가 다른 부분을 보수했다(NIV; 느3:24)
2. He leadeth me beside the still waters.
   그 분은 나를 평온한 물가로 인도하신다(시23:2)

3. The Lord stood upon a wall made by a plumbline, with a plumbline in his hand.
   다림줄을 이용하여 쌓은 담 곁에 야훼께서 손에 다림줄을 들고 서 계셨다(암7:7)
4. They sit nearer the fire.
   그들은 난로에 더 다가앉았다

운동, 방향의 전치사

in : ~의 안에(정지된 상태)
into : ~(안)으로(밖에서 안으로)
〈~〉out of : ~의 밖으로(안에서 밖 으로)
across : ~을 가로질러, 횡단하여
(처음과 끝의 한계가 명확함)
along : ~을 따라서(처음과 끝의 한계가 불분명함)
through : 관통하여
to : 도착지점〈~〉from : 출발지점
for : 방향이나 행선지를 표시함
toward : 막연한 목표를 향함

1. The children played in the yard.
   그 어린아이들이 뜰에서 논다
2. She walks into the room.
   그녀는 방에 들어갔다
3. I swam across the channel.
   나는 해협을 헤엄쳐 건넜다
4. We are widely separated from each other along the wall.
   우리는 성벽을 따라서 서로 멀리 떨어져 있었다(NIV;느4:19)

5. Enter through the narrow gate.
   좁은 문으로 들어가라(NIV;마7:13)
6. They take a walk to the corner.
   그들은 거리의 모퉁이까지 산책했다
7. I will write upon him the name of my God, and the name of the city of my God, which is new Jerusalem, which cometh down out of heaven from my God
   내가 그 사람 위에 내 하나님의 이름과 내 하나님의 도성의 이름, 즉 내 하나님으로부터 하늘에서 내려오는 새 예루살렘 이름을 기록할 것이다(계3:12)
8. He left for Boston.
   그는 보스톤을 향하여 떠났다
9. Now the God of patience and consolation grant you to be likeminded one toward another according to Christ Jesus.
   이제 인내와 위로를 주시는 하나님께서 그리스도 예수님으로 말미암아 여러분에게 화합의 정신을 주신다(롬15:5)

시간의 전치사

~에

at : 시각, 시점 등 짧은 시간 표시
on : 날짜, 요일, 특정한 날
in : 아침, 저녁, 오후, 월, 계절, 년, 세기

1. And it came to pass, that at midnight the LORD smote all the firstborn in the land of Egypt, from the firstborn of Pharaoh that

sat on his throne unto the firstborn of the captive that was in the dungeon;and all the firstborn of cattle.
한 밤중에 야훼께서 이집트에서 처음 난 것들을 모조리 치셨는데 어좌에 앉은 바로의 처음 난 것들로부터 감옥에 갇힌 자와 가축의 모든 처음 난 것들이다(출12:29)

2. What will ye do in the solemn day, and in the day of the feast of the LORD?
너희가 명절과 야훼의 축제일에 무엇을 하겠느냐?(호9:5)
= What will you do on the day of appointed festival, and on the day of the feast of the LORD?(RSV;호9:5)

3. In the four and twentieth day of the sixth month, in the second year of Darius the king. 다리우스 왕 2년 6월 24일((학1:15)
= On the twenty-fourth day of the month, in the sixth month. In the second year of Darius the king.(RSV;학1:15)

~후에, 지나서

in : ~만에, 후에(미래시제 동반)
within : ~이내에(일정한 기한 내에)
after : ~후에(과거시제)

1. The bus leaves in five minutes.
버스는 5분 후에 출발한다
2. She got there within two minutes.
그녀는 2분 이내에 그곳에 도착했다
3. I saw her after three hours.
3시간 후에 그녀를 만났다

완료, 계속

by : ~까지(완료) till(until) : ~까지(계속)
since : ~이래 줄곧(과거부터 현재까지의 계속)
from : ~부터
(출발점만 표시하며 현재까지의 계속의 뜻이 없음)

1. You'll be a fine youth by ten.
   그 때 쯤이면 너도 훌륭한 젊은이가 되어 있을 것이다
2. We worked from morning till night.
   우리는 아침부터 밤까지 일했다
3. Then shall be great tribulation, such as was not since the beginning of the world to this time, no, nor ever shall be.
   그 때에 세상이 창조된 이후로 지금까지 없었고 앞으로도 결코 없을 대환란이 있을 것이다(마24:21)

동안

for + 수사 + 기간(how long ~? 대답, 막연한 기간)
during + the(this, these, that, those) + 명사 : 특정기간
through : ~동안 줄곧, ~까지 죽, 내내(전체기간)

1. A woman who becomes pregnant and gives birth to a son will be ceremonially unclean for seven days, just as she is unclean during her monthly period.
   아들을 잉태하여 낳은 여인은 생리기간 중의 부정과 마찬가지로 7일 동안 의례적으로 부정할 것이다(NIV;레12:2)
2. Visiting days are from Sunday evening through Thursday morning.
   개관일은 화요일부터 토요일까지이다

KJV 영문법

재료, 원료의 전치사

make A of B : B(재료)로 A(제품)를 만들다
make A from B = make B into A : B(재료)에서 A(제품)을 만들다(of : 물리적 변화/from : 화학적 변화/into : 원료가 제품이 될 때)
in : 표현방법(speak), 수단(write), 재료(paint), 착용

1. Make these into a sacred anointing oil, a fragrant blend, the work of a perfumer. It will be the sacred anointing oil.
너는 이것들을 가지고 거룩한 연고 기름 곧 향기로운 혼합물을 만들되 약제사의 기술에 따라 연고를 만들어라. 이것이 거룩히 붓는 기름이 될 것이다(NIV;출30:25)
2. I am the LORD, who made all things, who stretched out the heavens alone, who spread out the earth ~ Who was with me? ~ who frustrates the omens of liars, and makes fools of diviners;who turns wise men back, and makes their knowledge foolish
나는 만물을 지었고 홀로 하늘과 땅을 펼친 야훼이다. 누가 나와 함께 있었느냐? 거짓말쟁이들의 표식을 폐하며 점치는 자들을 우매한 자로 만들고, 현자들을 평범한 사람으로 만들며 그들의 지식을 어리석게 만드는 야훼이다(RSV;사44:24~25)
3. They made wine from grapes. = They made grapes into wine.
그들은 포도에서 포도주를 만들었다
4. Speak to thy servants in the Syrian language;for we understand it: and talk not with us in the Jews' language in the ears of the people that are on the wall.
시리아 말로 당신의 종들에게 말씀해주세요. 왜냐하면 우리가 그것

을 알아듣기 때문입니다. 그리고 성벽 위에 있는 백성의 귀에 들리도록 히브리말로 하지 마십시오(왕하18:26)

5. And entering into the sepulchre, they saw a young man sitting on the right side, clothed in a long white garment.
그들이 무덤 안에 들어갔을 때 긴 흰옷을 입은 한 청년이 오른편에 앉아 있는 것을 보았다(막16:5)
6. She modeled in clay. 그녀는 찰흙으로 모형을 만들었다

수단, 도구의 전치사

with : 도구, 수단, 재료(~을 사용하여, ~으로)
by : 행위자(수동태), 수단(능동태)
through : 중개, 경로, 매개수단

1. Thou anointest my head with oil my cup runneth over.
당신께서 제 머리에 기름으로 부으셔서 제 잔이 넘칩니다(시23:5)
2. Which of you by taking thought can add one cubit unto his stature?
너희 중에 누가 염려함으로 그 키를 한 자나 더할 수 있느냐(마6:27)
3. By grace are ye saved through faith.
여러분은 은혜로 인하여 믿음으로 말미암아 구원을 얻었다(엡2:8)

~ 사이에

둘 사이에 : between
(셋 이상) 중에서 : among(같은 종류 사이),
amidst(다른 종류 사이)

1. I will put enmity between thee and the woman, and between thy seed and her seed.
나는 너와 여자 그리고 너의 후손과 여자의 후손 사이에 적의를 두겠다(창3:15)
2. For we are the aroma of Christ to God among those who are being saved and among those who are perishing,
실상 하나님에게는 우리가 구원받을 사람들과 멸망될 자들 가운데서 피어오르는 그리스도의 향기이다(고후2:15)

of

동격 : ~의, 이라는

1. Now when Jesus was born in Bethlehem of Judaea in the days of Herod the king, behold, there came wise men from the east to Jerusalem.
예수님께서 헤롯왕 통치시기에 유대 베들레헴에서 태어나신 지금, 현자가 동방에서 예루살렘으로 찾아왔다(마2:1)
2. When the Son of man shall come in his glory, and all the holy angels with him, then shall he sit upon the throne of his glory.
사람의 아들이 영광 중에 오시고, 또 모든 거룩한 천사들이 그분과 함께 오면 그 때에 그분은 영광의 보좌에 앉으실 것이다(마25:31)
3. Our fathers had the tabernacle of witness in the wilderness.
광야에서 우리 조상들에게 증거의 장막이 있었다(행7:44)
4. We know that if our earthly house of this tabernacle were dissolved, we have a building of God, an house not made with hands, eternal in the heavens.

우리가 아는 것은 땅에 있는 이 장막 집이 무너지면 하나님께서 지으신 집, 즉 손으로 짓지 아니한 하늘에 있는 영원한 집을 소유하게 될 것이다(고후5:1)

5. Stand fast therefore in the liberty wherewith Christ hath made us free, and be not entangled again with the yoke of bondage.
   그러므로 그리스도께서 우리를 자유케 하셨으니 자유 안에 굳게 서서 다시는 종의 멍에를 메지 말라(갈5:1)

주격 : ~은. 는, 이, 가

1. Only with thine eyes shalt thou behold and see the reward of the wicked.
   오직 너는 악인들이 벌받는 것을 눈으로 목격할 것이다(시91:8)
2. Now after the sabbath, toward the dawn of the first day of the week, Mary Mag'dalene and the other Mary went to see the sepulchre.
   안식일 이후 첫 주 첫날이 되려는 미명에 막달리아 마리아와 다른 마리아가 무덤을 보려고 왔다(RSV;마28:1)

목적격 : 을, 를

1. The fear of the LORD is his treasure.
   야훼를 경외하는 것이 그에게는 보물이다(사33:6) .
2. The earth shall be filled with the knowledge of the glory of the LORD, as the waters cover the sea.
   바다가 물로 가득한 것처럼 세상이 야훼의 영광을 아는 지식으로 충만할 것이다(합2:14)

3. If any man desire to be first, the same shall be last of all, and servant of all.
   아무든지 첫째가 되고자 하면 모든 사람의 끝이 되며 모든 사람을 섬기는 자가 되어야 할 것이다(막9:35)
4. In meekness instructing those that oppose themselves;if God peradventure will give them repentance to the acknowledging of the truth.
   거역하는 자들을 온유함으로 바르게 잡아 주어야 한다. 그리하면 하나님께서 그들에게 회개하는 마음을 주셔서 진리를 깨닫도록 하실까 함이다(딤후2:25)
5. Now once in the end of the world hath he appeared to put away sin by the sacrifice of himself.
   그분은 이제 자신을 단번에 제사 드려 죄를 없게 하시려고 세상 끝에 나타나셨다(히9:26)
6. But in those sacrifices there is a remembrance again made of sins every year.
   그러나 그러한 희생제사는 해마다 죄를 생각나게 한다(히10:3)
7. Babylon is fallen, is fallen, that great city, because she made all nations drink of the wine of the wrath of her fornication.
   바빌론이 모든 나라에 음란의 진노의 술을 마시게 하였기 때문에 무너졌다(계14:8)

소유, 소속 : ~의, 에 속하는

1. My defence is of God, which saveth the upright in heart.
   나의 방패는 하나님께로부터 온다. 그분은 마음이 정직한 자를 구원하신다(시7:10)

2. My kingdom is not of this world: if my kingdom were of this world, then would my servants fight, that I should not be delivered to the Jews.
내 나라는 이 세상에 속한 것이 아니다. 내 나라가 이 세상에 속한 것이었더라면 내 종들이 싸워 나로 유대인들에게 넘기지 않게 했을 것이다(요18:36)
3. I am of Paul.
나는 바울파다(고전3:4)

기원, 출생

1. The first man is of the earth, earthy: the second man is the Lord from heaven. As is the earthy, such are they also that are earthy: and as is the heavenly, such are they also that are heavenly.
첫째 사람은 땅에서 나서 흙으로 빚어졌으나 둘째 사람은 하늘에서 나신 주님이시다. 흙으로 빚어진 사람은 흙으로 지음 받은 것들과 같고, 하늘에서 나신 이는 하늘에 있는 것들과 같으시다(고전15:47~48)
2. Whosoever is born of God doth not commit sin;for his seed remaineth in him: and he cannot sin, because he is born of God.
하나님께로 난 자는 누구든지 죄를 범하지 아니한다. 왜냐하면 그분의 씨가 그의 속에 거하기 때문이다. 이는 그가 하나님께로 났기 때문에 죄를 저지를 수 없다(요일3:9)
3. The first begotten of the dead.
죽은 사람들 가운데서 제일 먼저 부활 하셨다(계1:5)

KJV 영문법

명 사

종족대표

A(An) + 단수 보통명사, The + 단수 보통명사, 복수 보통명사

The dog is turned to his own vomit again.
= A dog is turned to his own vomit again.
= Dogs are turned to his own vomit again.
개는 토한 것을 도로 먹는다(벧후2:22)

항용 집합명사(구성원을 총칭)와 보통명사

항용 집합명사	보 통 명 사	항용 집합명사	보 통 명 사
weaponry	weapon	vegetation	plant
vegitation	plant	game	
jewerly	jewel	scenery	scene
aircraft	plane	stationery	

항용 집합명사	보 통 명 사	항용 집합명사	보 통 명 사
aircraft	plane	stationery	
produce	product	attendance	attendant
baggage		clothing	clothes
foliage	leaf	furniture	
equipment		information	
news		machinery	machine
mail	letter	management	manager
merchandise	commodity	poetry	poet

항용집합명사
1. 양(단수 취급)
2. 부정관사를 붙이지 못하고 복수형이 없음
3. much, little, some(긍정), any(부정, 의문문)로 수식
4. a piece of, an article of로 셈

1. She has much(= many pieces of)furniture.
   그녀는 가구를 많이 소유하고 있다
2. He takes mich baggage on his trip.
   그는 여행할 때에 짐을 많이 가지고 다닌다
3. Much clothing is needed in cold countries.
   추운 지방에서는 많은 의류가 필요하다
4. Can you give me any information?
   당신은 약간의 정보를 나에게 주시겠습니까?

항용 군집명사(구성원의 개별성을 강조)와 보통명사

항용 군집명사	보 통 명 사	항용 군집명사	보 통 명 사
the jury	a juryman	the artstocracy	an aristocrat
the peasantry	a peasant	the gentry	a gentleman

KJV 영문법

항용 군집명사	보 통 명 사	항용 군집명사	보 통 명 사
the gang	a ganster	the clergy	a clergyman
the police	a policeman	the nobility	a nobleman
항용 군집명사는 the와 함께 쓰이고 복수 취급을 함			

1. The police are on the murder's track.
   경찰은 그 살인범의 뒤를 쫓고 있다
2. The clergy were present at the meeting.
   성직자들은 그 모임에 참석했다

집합명사

Cattle, Poultry, Vermin, Folk : 관사를 안 붙임.
복수취급(복수동사)
family, Nation, Audience : 단, 복수가 있음

1. Cattle were slaughtered.
   소들이 도살되었다
2. Poultry are scare on these districts.
   이 지방에서는 가금이 귀하다
3. All my family like to go out for a walk.
   우리 집 가족 모두는 산보 가는 것을 좋아한다
4. The curtain went up when all the audience took their seats.
   모든 청중이 자리에 앉았을 때 커튼이 올라갔다

People : 사람들
A people : 한 민족(국민)~Peoples : 여러 민족들(국민들)

1. Two nations are in thy womb, and two manner of people shall be separated from thy bowels;and the one people shall be stronger than the other people; and the elder shall serve the younger.
   두 민족이 네 태 속에 있다. 두 국민이 네 뱃속에서 나누어질 것이며 한 국민이 다른 국민보다 강할 것이고 형이 동생을 섬길 것이다(창 25:23)
   = Two nations are in your womb, and two peoples, born of you, shall be divided;the one shall be stronger than the other, the elder shall serve the younger(RSV;창25:23)
2. Then he made him that remaineth have dominion over the nobles among the people.
   그때 그분께서 남은 자로 하여금 백성 가운데 있는 귀인들을 다스리게 하셨다(삿5:13)

물질, 추상, 집합명사의 수량표시

1. To Benjamin he gave three hundred pieces of silver, and five changes of raiment.
   그(요셉)는 베냐민에게 은 삼백 개와 의복 다섯 벌을 주었다(창 45:22)
2. And he dealt among all the people, even among the whole multitude of Israel, as well to the women as men, to every one a cake of bread, and a good piece of flesh, and a flagon of wine.

그리고 그(다윗)가 온 백성 즉 이스라엘의 온 무리 가운데서 남자들 뿐 아니라 여자들 각자에게도 빵 한 덩이와 좋은 고기 한 점과 포도주 한 병을 나누어주었다(삼하6:19)

3. There brought the man of God bread of the firstfruits, twenty loaves of barley, and full ears of corn in the husk thereof.
어떤 사람이 첫 열매로 만든 보리 빵 스무 덩이와 자루에 가득 담은 햇곡식 이삭을 하나님의 사람에게 가지고 왔다 (왕하4:42)
4. Will ye pollute me among my people for handfuls of barley and for pieces of bread.
너희는 몇 줌의 보리와 몇 조각의 빵을 위해 내 백성이 보는 앞에서 나를 모독했다(겔13:19)
5. Will the LORD be pleased with ten thousand rivers of oil?
야훼께서는 강물처럼 많은 올리브 기름을 기뻐하실까?(미6:7)

기 타

Many a + 단수명사 …… + 단수동사
The number of + 복수명사 …… + 단수동사
A total(group, catalog, sample, supply, team, box, bunch, series)of + 복수명사 …… + 단수동사
The amount(= quantity, volume) of + 양 …… + 단수동사
A number(cople)of + 복수명사 + 복수동사
부분(분수, Most, Half, Lots, A lot, Portion, Part, The rest, The bulk, The majority) + Of + 양(단수), 수(복수)
시간, 거리, 가격, 중량 : 단수취급
복수형태인 학과명, 국가명, 서적이름 : 단수취급

1. There was a large amount of money in the chest.
   금고에 돈이 꽤 많이 있었다(NIV:왕하12:10)
2. Many a man claims to have unfailing love.
   많은 사람이 스스로 다함이 없이 사랑을 하는 자라고 주장한다(NIV:잠20:6)
3. A number of you have fallen asleep.
   너희 중에 많은 사람들이 잠에 빠졌다(NIV;고전11:30)
4. The number of the army of the horsemen were two hundred thousand thousand.
   기병 군단의 수효가 이억이나 되었다(계9:16)
   = The number of the troops of cavalry was twice ten thousand times ten thousand.(RSV;계9:16)
5. Physics is a very complicated branch of science.
   물리학은 매우 복잡한 과학의 한 분야이다
6. Three months is too short a time to learn a language.
   삼 개월은 언어를 배우기에 너무나 짧은 기간이다
7. Forty miles is a day's journey in these hills.
   40마일은 이 골짜기에서 하룻길이다
8. The rest of the boys were scolded by their teacher.
   나머지 소년들은 선생님께 꾸중을 들었다
9. The third part of trees was burnt up.
   모든 나무의 삼분의 일이 타버렸다(계8:7)
   = A third of the trees were burnt up.(RSV;계8:7)
10. By these three was the third part of men killed, by the fire, and by the smoke, and by the brimstone, which issued out of their mouths.
    이 세 재앙 곧 저희 입에서 나오는 불과 연기와 유황으로 인하여 사

람 삼분의 일이 죽임을 당했다(계9:18)

= By these three plagues a third of mankind was killed, by the fire and smoke and sulphur issuing from their mouths.(RSV;계9:18)

관사(A/An/The) + man + of + **추상명사**
= **관사**(A/An/The) + **형용사** + man

1. Thou art a wise man. 너는 지혜로운 사람이다(왕상2:9)
   = You are a man of wisdom.(NIV;왕상2:9)
2. I am for peace. 나는 평화를 사랑하는 사람이다(시120:7)
   = I am a man of peace.(NIV;시120:7)
3. Preserve me from the violent man.
   난폭한 자들에게서 저를 보호하여 주십시오(시140:1)
   = Protect me from men of violence.(NIV;시140:1)
4. A man of understanding hath wisdom.
   명철한 사람은 지혜가 있다(잠10:23)
5. Who can find a virtuous woman?
   누가 고귀한 성품을 지닌 아내를 맞겠느냐?(잠31:10)
   = A wife of noble character who can find?(NIV;잠31:10)
6. Their honourable men are famished.
   그들의 고위 관리들은 굶어죽을 것이다 (사5:13)
   = Their men of rank will die of hunger.(NIV;사5:13)
7. I am a man of unclean lips, and I dwell in the midst of a people of unclean lips.
   나는 입술이 부정한 사람이며, 입술이 부정한 백성 가운데 살고있다(사6:5)

8. He is a man of sorrows.
   그분은 슬픔을 당하신 사람이셨다(사53:3)
9. I will take the stony heart out of their flesh, and will give them an heart of flesh.
   나는 그들에게서 돌같이 굳은 마음을 제거하고 살같이 부드러운 마음을 주겠다(겔11:19)
   = I will remove from them their heart of stone and give them a heart of flesh.(NIV;겔11:19)

추상명사 + itself = all + **추상명사**
= very(= extremely) + **형용사**

1. His mouth is sweetness itself. = His mouth is all sweetness. = His mouth is very(= extremely) sweet. 그의 입은 매우 달콤하다 (NIV;아5:16)
   = His mouth is most sweet.(아5:16)
2. To speak evil of no man, to be no brawlers, but gentle, shewing all meekness unto all men.
   남을 비방하지 말며, 말다툼하지 말고 유순하여 모든 사람들을 매우 부드럽게 대하라(딛3:2)
3. My brethren, count it all joy when ye fall into divers temptations.
   형제 여러분 시험을 당할 때는 그것을 크게 기쁘게 여겨라(약1:2)

관 사

부정관사(A/An;발음이 모음으로 시작하면 An, 자음으로 시작하면 A를 사용함)

하나의(one)

Rome was not built in a day.

로마는 하루아침에 이루어지지 않았다

어느 것이나, 모두(any, every;대표단수)

An A fox is a cunning animal.

여우는 교활한 동물이다

~라는 사람, ~와 같은 사람, 어떤(a person called, a person like, a certain)

They found a certain sorcerer, a false prophet, a Jew, whose name was Barjesus.

그들은 유대인 마술사이자 거짓 선지자인 바 예수라는 사람을 만났다(행13:6)

= They met a Jewish sorcerer and false prophet named Bar-Jesus,(NIV행13:6)

같은(the same)

Birds of a feather flock together.

끼리끼리 모인다/유유상종

~당, ~마다(per)

Three times a year all the men are to appear before the Sovereign LORD.

남자는 모두 한 해에 세 차례씩 주님이신 야훼께 경배하러 나와야 한다(NIV;출23:17)

정관사 (The)

앞에 나온 명사가 다시 반복될 경우

She met a boy, and the boy showed her the way.

그녀는 한 소년을 만났는데, 그 소년이 그녀에게 길을 가르쳐주었다

형용사구(절)에 의해 한정될 경우

I am the God of thy father, the God of Abraham, the God of Isaac, and the God of Jacob.

나는 네 조상의 하나님 곧 아브라함과 이삭과 그리고 야곱의 하나님이다(출3:6)

By + the + 단위

You drink wine by the bowlful.

너희는 대접으로 포도주를 퍼마신다(암6:6)

신체 일부분을 표현할 때

붙잡다(catch, seize, take, hold, grasp), 끌다(draw, pull),

KJV 영문법

밀다(push) + 목적격 + by + the + 신체 일부분

She caught him by his garment.

그녀(보디발의 아내)는 그(요셉)의 옷을 붙들었다(창39:12)

치다(strike, hit, pat, tap, touch, kiss) + 목적격 + on + the + 신체 일부분

The high priest Ananias commanded them that stood by him to smite him on the mouth.

대제사장 아나니아가 바울의 곁에 서 있는 사람들에게 바울의 입을 치라고 명령하였다 (행23:2)

보다(look, gaze, stare), 물어뜯다(bite)+ 목적격 + in + the + 신체 일부분

I gazed her in the eye.

나는 그녀의 눈을 응시했다

숭고한 것 및 유일무이한 것

1. The Bible 성경

   The Almighty 하나님, 절대자

   The Lord 주님, 야훼

   The Gospel 복음

2. We know that this is indeed the Christ, the Saviour of the world.

   우리는 이 분이야 말로 그리스도 곧 세상의 구주이심을 알았다 (요4:42)

3. I am the resurrection, and the life.

   나는 부활이요 생명이다(요11:25)

4. I am the way, the truth, and the life: no man cometh unto the Father, but by me.

나는 길이요 진리요 생명이다. 어느 누구도 나로 말미암지 않고 서는 아버지께로 갈 수가 없다(요14:6)

play + the + 악기 명 invent + the + 발명품

1. We played the flute for you, and you did not dance.
   우리가 너희를 위해서 피리를 불어도 너희는 춤추지 않는다 (NIV;눅7:32)
2. The sream engine was invented by James Watt.
   증기 기관은 James Watt에 의해서 발명되었다

강, 바다, 선박, 해협 등의 이름

1. He passed over the ford Jabbok.
   그(야곱)는 얍복강을 건넜다(창32:22)
2. In my dream I was standing on the banks of the Nile.
   내(바로)가 꿈에 나일 강가에 서 있었다(NIV;창41:17)

국가 명

The Republic of Korea 대한민국

The United States of America 미국

The Netherlands 네덜란드

The Philippines 필리핀

국민 명 전체표시

The English are a practical people.

영국인은 실용적인 민족이다

language를 함께 사용할 경우

Korean = the Korean language 한국어

English = the English language 영어

A kind(= type, sort, class)of + 무 관사 단수명사

1. Blessed are you when men revile you and persecute you and utter all kinds of evil against you falsely on my account.
   나로 말미암아 사람들이 너희를 모욕하고 핍박하며 거짓말로 온갖 악담을 퍼부을 때에도 너희는 복되다(마5:11)
2. Abstain from all appearance of evil.
   온갖 형태의 악을 멀리하라(살전5:22)
   = Abstain from every form of evil.(RSV;살전5:22)
   = Avoid every kind of evil.(NIV;살전5:22)
3. He is not the type of person to accept a lie.
   그는 거짓말을 용인할 사람이 아니다
4. What sort of workman is he?
   그는 어떤 종류의 일을 하는 직공입니까?

By + 교통수단 = In + 부정관사 + 교통수단

1. When Jesus was passed over again by ship unto the other side, much people gathered unto him.
   예수님께서 배를 타시고 다시 호수 건너편으로 돌아오시자 많은 군중들이 호수 가에 계시는 예수님 주위로 모여들었다(막5:21)
2. She came there by car(= in a car)/by taxi(= in a taxi)/by bus(= in a bus).
   그녀는 그곳에 차로/택시로/버스로 왔다

위 치

So, As, Too, How, However + 형용사 + 부정관사 + 명사

1. It is too light a thing that you should be my servant to raise up the tribes of Jacob and to restore the preserved of Israel.
   네가 나의 종이 되어 야곱의 지파를 일으키며 이스라엘의 보존된 자들을 돌아오게 하는 것은 매우 쉬운 일이다(RSV;사49:6)
2. Who delivered us from so great a death.
   그 분은 그처럼 죽음과 같은 고비에서 우리를 건져주셨다 (고후1:10)
   = He delivered us from so deadly a peril,(RSV;고후1:10)
   = He has delivered us from such a deadly peril.(NIV;고후1:10)
3. She is as diligent a woman as ever lived.
   그녀는 지금까지 산 어느 사람 못지 않게 부지런한 사람이다
4. How difficult a problem this is!
   이것은 얼마나 어려운 문제인가!
   = What a difficult problem this is!

Such, Half, Rather, Many, Quite, Only, What, Whatever + 부정관사 + 형용사 + 명사

1. Oh, what a great sin these people have committed!
   이 백성이 엄청난 죄를 지었군요!(NIV;출32:31)
   = Oh, how great a sin these people have committed!
2. She has seen it many a time(= many times).
   그녀는 여러 번 그것을 보았다

All, Both, Double + 정관사 + 명사

1. All the brethren which are with me.
   나와 함께 한 모든 형제들(갈1:2)
2. Both the sisters passed the examination.
   두 자매 모두가 시험에 합격했다
3. He paid double the price for it.
   그녀는 그것에 대해 두 배의 값을 지불했다

대명사

It

바로 똑같은 그 물건을 가리킴 :
the, this, that + 단수 보통명사
(a + 단수 보통명사 = one ; 같은 종류나 다른 물건)

He bought a book, and gave it to his son.
그는 책을 한 권 샀는데 그것을 아들에게 주어 버렸다

It ~ That 강조구문/가주어(진주어)구문/동격관계

강조구문

1. It is that를 생략해도 문장이 성립됨.
2. that절을 it자리에 놓으면 문장이 성립이 안됨

가주어(진주어)구문

1. It it that를 생략하면 문장이 성립이 안됨.

동격관계

1. 문장이 완전함 : 주어, 목적어, 보어 등이 생략된 것이 없이 문장이 성립됨.
2. 명사와 that절이 equal이 성립됨

It ~ That 강조구문

1. 평서문의 강조(It is + 강조어 + that(사람일 경우는 who, whom도 가능) + 나머지 부분)

God establishes us with you in Christ.

(1) God를 강조: It is + 강조어(God) + that(who) + 나머지 부분

It is God who(= that) establishes us with you in Christ.

= It is God who establishes us with you in Christ.(RSV;고후 1:21)

(2) it is who(= that)를 생략해도 문장이 성립됨

(3) who(= that)절을 it자리에 놓으면 문장이 성립 안됨

(4) 우리를 여러분과 함께 그리스도 안에서 굳게 세우신 분은 바로 하나님이시다

2. 의문문의 강조(의문사 + be동사 + it + that절)

Who is it you are looking for?

네가 찾고 있는 사람은 바로 누구냐?(NIV;요20:15)

(1) 평서문으로 고침

You are looking for who(= whom)(비문장임).

(2) 강조구문으로 고침

It is who that you are looking for(비문장임).

(3) 의문문으로 고침

의문사 who를 문두로 보낸 뒤 동사 + 주어의 순서로 고침
Who is it that you are looking for?

It ~ that 가주어(진주어)구문

It is expedient for you that I go away.

1. that절을 it 자리에 놓았을 때 문장이 성립함
   That I go away is expedient for you.
2. it, is, that을 생략하면 문장이 성립 안됨
3. 내가 떠나가는 것이 여러분에게 유익하다(요16:7)

It ~that 동격 관계

You desire proof that Christ is speaking in me.

1. proof는 that의 선행사가 아니며 that도 관계대명사가 아님. 그 이유는 관계대명사일 경우 문장이 불완전한 반면에 이 문장은 완벽하기 때문임. 자연히 that는 접속사가 됨. 따라서 that절 내용은 proof와 equal 관계가 성립되므로 동격 명사절임
2. 여러분은 그리스도께서 내 안에서 말씀하고 계시다는 증거를 요구하고 있다(고후13:3)

가 목적어(형식목적어;5형식 문장)

We thought it good to be left at Athens alone.

1. it : 가 목적어 / good : 목적격 보어 / to 이하 : 진 목적어
2. 우리는 아테네에 남아있는 것이 최선이라고 생각했다(살전3:1)

KJV 영문법

소유대명사 : 소유격 + 명사

이중소유격

a, an, this, these, that, those, some, any, no, which, what, such, each, every + 명사 + of + 소유대명사

1. A friend of mine in his journey is come to me.
   한 친구가 여행 중에 나를 방문했다 (눅11:6)
2. But as for these enemies of mine, who did not want me to reign over them, bring them here and slay them before me.'"
   그러나 너희는 내가 왕 되는 것을 원치 않았던 이 원수들을 이리 끌어다가 내 앞에서 죽여라(RSV;눅19:27)
3. As the truth of Christ is in me, this boast of mine shall not be silenced in the regions of Acha'ia.
   그리스도의 진리가 내 안에 있기 때문에 아카야 지방에서는 아무도 나의 이런 자랑을 막지 못할 것이다(RSV;고후11:10)

Own : 소유격의 의미를 강조

소유격 + own + 명사
a, an, this, these, that, those, some, any, no, which, what, such, each, every + 명사 + of + one′s own

1. Now, O Father, glorify thou me with thine own self with the glory which I had with thee before the world was.
   이제 아버지시여, 세상이 있기 전에 내가 당신과 함께 누렸던 그 영광으로 친히 저를 영화롭게 하소서(요17:5)

2. He that committeth fornication sinneth against his own body.
음행하는 사람은 자신의 몸에게 죄를 짓는 것이다(고전6:18)
3. Ye are not your own?
여러분은 여러분 자신의 것이 아니다(고전6:19)
4. To Titus, mine own son after the common faith: Grace, mercy, and peace, from God the Father and the Lord Jesus Christ our Saviour.
같은 믿음을 따라 나의 참아들 된 디도에게 편지한다. 하나님 아버지와 우리의 구주이신 주 예수 그리스도로부터 은혜와 자비와 평강이 있기를 기원한다(딛1:4)
5. Whom I have sent again: thou therefore receive him, that is, mine own bowels.
내가 그(오네시모)를 다시 보낸다. 그러므로 너(빌레몬)는 그를 받아들이라. 말하자면 그는 내 심장과 같은 사람이다(몬1:12)
6. I Paul have written it with mine own hand, I will repay it.
나 바울이 직접 이 글을 썼고 내가 그것(오네시모가 빌레몬에게 손해를 끼쳤거나 빚진 것이 있다면)을 갚겠다(몬1:19)

재 귀 대 명 사

재귀 용법 : 타동사의 목적어가 주어와 동일할 때(~하다)

1. By myself have I sworn. 내가 내 이름으로 맹세한다 (창22:16)
2. Ye are they which justify yourselves before men
너희는 사람들 앞에서 옳은 체 하는 자들이다(눅16:15)
3. He would have killed himself, supposing that the prisoners had been fled.

그는 죄수들이 도망친 줄로 생각하고 자살하려고 하였다 (행16:27)

강조 용법

He himself is judged of no man.

그 자신(영적인 사람)은 아무 한 테도 심판받지 않는다 (고전2:15)

동일명사의 중복을 피함

수식어가 앞에 있을 때 : one(단수), ones(복수)
수식어가 뒤에 있을 때 :
that(the one) of(단수), those(the ones) of(복수)

1. The difficult cases they brought to Moses, but the simple ones they decided themselves.
   그들은 어려운 문제는 모세에게 가져가고 간단한 문제는 그들 스스로 처리했다(NIV;출18:26)
2. Then another horse came out, a fiery red one.
   그러자 또 다른 불같이 붉은 말이 나왔다(NIV;계6:4)
3. I have greater witness than that of John.
   나에게는 요한의 증언보다 더 큰 증언이 있다(요5:36)
4. Locusts were given power like that of scorpions of the earth.
   메뚜기들에게는 땅의 전갈들이 가지고 있는 것과 같은 권세가 주어졌다(계9:3)

전자와 후자

The One = The Former = That(전자)
The Other = The Latter = This(후자)

1. In the day of prosperity be joyful, but in the day of adversity consider: God also hath set the one over against the other, to the end that man should find nothing after him.
   번영의 날에는 기뻐하고 어려움을 당할 때에는 생각하여라. 하나님께서는 순경과 역경을 병행하게 하셔서 사람으로 하여금 이후의 일들을 알 수 없게 하셨다(전7:14)
2. No servant can serve two masters: for either he will hate the one, and love the other; or else he will hold to the one, and despise the other. Ye cannot serve God and mammon.
   어떤 종도 두 주인을 섬길 수 없다. 그 까닭은 그가 한 편은 미워하고 다른 편을 사랑하거나, 한 편은 존경하고 다른 편을 멸시하기 때문이다. 너희는 하나님과 재물을 동시에 섬길 수 없다(눅16:13)
3. We are unto God a sweet savour of Christ, in them that are saved, and in them that perish: To the one we are the savour of death unto death;and to the other the savour of life unto life.
   우리가 구원받은 사람들에게나 멸망하는 사람들에게나 하나님 앞에서는 그리스도의 향기이다. 후자(멸망받을 사람들)에게는 사망에 이르는 냄새이나 전자(구원받을 사람들)에게는 생명에 이르는 향기이다(고후2:15~16)

KJV 영문법

B와 같은 A

Such A As B = A Such As B = A Like B

And he went, and fetched, and brought them to his mother: and his mother made savoury meat, such as his father loved.
= And he went, and fetched, and brought them to his mother: and his mother made such savoury meat as his father loved.
그리고 그가 가서 잡아 가지고 와 어머니에게로 가져왔고 어머니는 그의 아버지가 좋아하는 별미를 만들었다(창27:14)

~도 그렇다 / ~도 그렇지 않다

So + 조동사(be 동사) + 주어 = 주어 + 동사, ~too(긍정)
Neither(= Nor) + 조동사(be 동사) + 주어
= 주어 + 동사, ~either(부정)

1. My days have passed, my plans are shattered, and so are the desires of my heart.
   = My days have passed, my plans are shattered, and the desires of my heart are shattered, too.
   나의 날들이 지나가고 나의 계획들은 산산이 깨졌으며 내 마음의 소망도 또한 그러하다(NIV;욥17:11)
2. As in the days that were before the flood they were eating and drinking, marrying and giving in marriage, until the day that Noe entered into the ark, And knew not until the flood came, and took

them all away; so shall also the coming of the Son of man be.
홍수 나기 전에 그들이 먹고 마시며 결혼하기를 노아가 방주로 들어가던 날까지 하다가 홍수가 나서 그들을 모두 다 쓸어버릴 때까지 그들이 깨닫지 못하였던 것같이 사람의 아들이 임하는 것도 그러할 것이다(마24:38~39)

3. I have not taken one ass from them, neither have I hurt one of them.

   = I have not taken one ass from them, and I have not hurt one of them, either.

   나는 그들로부터 당나귀 한 마리도 빼앗은 적이 없으며 그들 가운데 한 사람도 해치지 않았습니다(민16:15)

4. If the dead are not raised, then Christ has not been raised either.
   죽은 자가 다시 사는 것이 없으면 그리스도께서도 다시 사신 것이 없다(NIV;고전15:16)

   = If the dead are not raised, then neither(= nor) has Christ been raised.

여러 개를 열거할 때

둘 : one, the other

1. It rises at one end of the heavens and makes its circuit to the other; nothing is hidden from its heat.
   해가 하늘의 이 끝에서 저 끝까지 주행하기 때문에 그 열기로부터 숨을 것은 아무 것도 없다 (NIV;시19:6)
2. I tell you, in that night there shall be two men in one bed; the one

shall be taken, and the other shall be left.
내가 여러분에게 말해둔다. 그 날 밤에 두 사람이 한 침대에 누워 있어 있지만 하나는 데려가고 하나는 버림을 받을 것이다(눅17:34)
= I tell you, in that night there will be two in one bed; one will be taken and the other left.(RSV;눅17:34)

셋 : one, another(= second), the other

1. There are three man. One is a lawyer, another an artist, and the other is a musician.
   세 사람이 있는데, 하나는 변호사이고 또 하나는 예술가이고, 나머지 하나는 음악가이다
2. There are also celestial bodies, and bodies terrestrial: but the glory of the celestial is one, and the glory of the terrestrial is another. There is one glory of the sun, and another glory of the moon, and another glory of the stars: for one star differeth from another star in glory.
   또한 하늘에 속한 몸도 있고 땅에 속한 몸도 있지만, 하늘에 속한 것들의 영광이 따로 있고 땅에 속한 것들의 영광도 따로 있다. 하나는 해의 영광이요 또 하나는 달의 영광이며, 또 다른 하나는 별들의 영광이다. 그 이유는 영광에 있어서 한 별이 다른 별과 다르기 때문이다(고전15:40-=-41)

다수 : one, another, a third, ~the others(= rest)

One is in France, another in Germany, a third in Denmark, the rest in Netherlands.
한 사람은 프랑스에, 두 번 째 사람은 독일에, 세 번 째 사람은 덴마

크에, 나머지 사람들은 네덜란드에 있다

약간은, 또 약간은/일부는~, 일부는~ : some, others(집단의 한계가 막연)

Multitudes who sleep in the dust of the earth will awake: some to everlasting life, others to shame and everlasting contempt.
땅 속 가운데서 잠자는 수많은 사람들이 부활 할 것이며 영원한 생명을 얻는 사람들이 있고 수치와 함께 영원히 모욕을 받을 자도 있을 것이다(NIV;단12:2)

약간은, 그리고 나머지는 : some, the others(집단의 한계가 명확)

There are ten students; some study English, and the others Chinese.
10명의 학생이 있는데 몇 명은 영어를 공부하고, 그 나머지는 중국어를 공부한다

Another : An + other의 줄임 말(Another + 단수 보통명사)

하나 더(one more)

A rumour shall both come one year, and after that in another year shall come a rumour.
금년에는 이런 소문이 떠돌고 다음 해에는 저런 소문이 떠돌 것이다 (렘51:46)

KJV 영문법

다른(different)

1. And they digged another well, and strove for that also.
그리고 그들(이삭의 종들)은 다른 우물을 팠지만 여전히 우물 때문에 싸움이 잦았다(창26:21)
2. I will pray the Father, and he shall give you another Comforter, that he may abide with you for ever.
내가 아버지께 기도하면 그 분께서 다른 위로자를 너희에게 주실 것이다. 그 목적은 그분(다른 위로자)이 너희와 함께 영원히 거하시기 위함이다(요14:16)
3. Whom Jason hath received: and these all do contrary to the decrees of Caesar, saying that there is another king, one Jesus.
야손이 그들을 맞아들였습니다. 이들은 모두 황제의 칙령을 거역하고 자기들에게는 예수라는 다른 왕이 있다고 합니다(행17:7)
4. If he that cometh preacheth another Jesus, whom we have not preached, or if ye receive another spirit, which ye have not received, or another gospel, which ye have not accepted, ye might well bear with him.
누가 와서 우리가 전파하지 아니한 다른 예수를 전파하거나, 여러분이 받지 않은 다른 영이나 여러분이 영접치 않은 다른 복음을 전파하면 여러분이 잘 용납한다(고후11:4)

동류(also one, a similar one)

This young man is clever.;he will be another Edison.
이 젊은이는 총명하다. 그래서 그는 제 2의 에디슨이 될 것이다

Some, any

긍정문 : some(복수 : 약; 단수 : 어떤) / 의문문, 조건문, 부정문 : any

Some laws are bad. 악법도 있다

긍정문의 any + 단수명사 : 어떤 ~일지라도

Any one can do it. 어떤 사람이라도 그것을 할 수 있다

권유, 의뢰의 의문문, 긍정의 대답을 기대하는 의문문 : some

Will you have some beer? 맥주 좀 드시겠습니까?

All

All is(양)/are(수)

1. When all goes well with you, remember me.
   당신의 일이 모두 잘되거든 나를 기억하라 (NIV;창40:14)
2. All their thoughts are against me for evil.
   그들의 생각이란 겨우 나를 해할 음모를 꾸미고 있을 뿐이다(시56:5)
3. All green grass was burnt up.
   각종 푸른 풀도 모두 타버렸다(계8:7)

No one + 단수동사

There is none that calleth upon thy name
당신의 성호를 부르는 자가 없습니다(사64:7)
= There is no one that calls upon thy name.(RSV;사64:7)

None = no + 명사 : 아무도 ~않다, 어느 것도 ~않다(no = not ~any)

None is(양) / are(수)

1. As it is written, There is none righteous, no, not one: There is none that understandeth, there is none that seeketh after God. They are all gone out of the way, they are together become unprofitable;there is none that doeth good, no, not one.
기록된 바와 같이 의인은 없으며 한 사람도 없다. 깨닫는 자도 없고 하나님을 찾는 자도 없다. 모두가 탈선하여 함께 무익하게 되었고, 선을 행하는 자는 없으며 한 사람도 없다(롬3:10~12)
2. See that none render evil for evil unto any man;but ever follow that which is good, both among yourselves, and to all men.
누구에게든지 악으로 악을 갚지 말고 오직 피차 대하든지 모든 사람을 대하든지 항상 선을 좇으라(살전5:15)

Every/Each + 단수명사 + 단수동사

1. Every and every student has his own room.
   학생들 개개인에게는 각자의 방이 있다
2. Its portico faced the outer court;palm trees decorated the jambs on either side,
   문설주 양쪽에는 종려나무가 새겨져 있었다(NIV;겔40:34)
3. There were pillars beside the jambs on either side.(RSV;겔40:49)
   = There were pillars on each side of the jambs
   문설주 양쪽에는 기둥이 있었다(NIV;겔40:49).
4. What remains on both sides of the holy portion and of the property of the city shall belong to the prince.
   거룩하게 구별하여 두신 땅과 성읍에 딸린 소유지의 양옆에 있는 땅은 왕의 몫이다(RSV;겔48:21)
5. Hereby know ye the Spirit of God: Every spirit that confesseth that Jesus Christ is come in the flesh is of God.
   이것으로 하나님의 영을 여러분이 알 수 있다. 곧 예수 그리스도께서 육신으로 오신 것을 고백하는 영은 모두 하나님께 속한 것이다(요일4:2)
   = By this you know the Spirit of God: every spirit which confesses that Jesus Christ has come in the flesh is of God. (RSV;요일4:2)
6. Every several gate was of one pearl.
   성문은 각자 하나의 진주로 되어있었다(계21:21)

Most + 일반명사 / Most of the(소유격, these) + 일반명사 / Almost + 부정대명사(all, any, everyone, none, nothing)

The more part knew not wherefore they were come together.
대부분의 군중들은 거기에 왜 모였는지 조차 알지 못했다(행19:32)

= Most of them did not know why they had come together.(RSV; 행19:32)

= Most of the people did not even know why they were there.(NIV;행19:32)

= Most people did not even know why they were there.

= Almost all of the people did not even know why they were there.

서 로

Each other : 두 사람 One another : 셋 이상

This is my commandment, That ye love one another, as I have loved you.
이것이 내 계명이니 내가 너희를 사랑한 것과 같이 너희도 서로 사랑하라(요15:12)

= My command is this: Love each other as I have loved you.(NIV;요15:12)

부분부정과 완전부정

부 분 부 정	완 전 부 정
not both : 둘 다 ~한 것은 아니다(둘 사이)	neither = either not 둘 다 ~이 아니다
not all : 모두가 ~한 것은 아니다(셋 이상)	none = not + any 아무도(어느 것도) ~않다
not every : 누구나(어느 것이나) ~한 것은 아니다	nobody(사람) nothing(물건)
not always : 항상 ~한 것은 아니다 not completely : 완전히 ~한 것은 아니다 not entirely(= altogether) : 전적으로 ~한 것은 아니다 not necessarily : 반드시 ~한 것은 아니다 not absolutely : 절대적으로 ~한 것은 아니다	not ~in the least, not ~at all, never 결코 ~이 아니다

1. I will not make a full end of thee, but correct thee in measure;yet will I not leave thee wholly unpunished.
   내가 너희를 절멸시키지 않을 것이지만 너희를 정의로 징계하겠다. 나는 너희가 벌을 면하게 하지는 않을 것이다 (렘46:28)
   = I will not completely destroy you. I will discipline you but only with justice;I will not let you go entirely unpunished.(NIV;렘46:28)
2. I will not utterly destroy the house of Jacob.
   나는 야곱의 집을 완전히 멸하지는 않겠다((암9:8)
   = I will not totally destroy the house of Jacob.(NIV;암9:8)

KJV 영문법

3. Ye are clean, but not all.
너희 모든 사람이 그런 것은 아니지만 너희는 깨끗하다(요13:10)
= You are clean, but not every one of you.(RSV;요13:10)
4. There is not in every man that knowledge
이 지식이 모든 사람에게 있는 것은 아니다(고전8:7)
5. All things are lawful for me, but all things are not expedient: all things are lawful for me, but all things edify not.
모든 것이 합법적이라고 해서 모든 것이 다 유익한 것이 아니요, 모든 것이 합법적이라고 해서 다 덕을 세워 주는 것이 아니다.(고전10:23)
= "All things are lawful," but not all things are helpful. "All things are lawful," but not all things build up.(RSV;고전10:23)
= "Everything is permissible" ~ but not everything is beneficial. "Everything is permissible" ~ but not everything is constructive.(NIV;고전10:23)

부 사

기능

동사, 형용사, 부사(구, 절)를 수식

1. That he should still live for ever, and not see corruption.
   영원히 살고 썩어짐을 볼 수 없는 자는 아무도 없다(시49:9)
2. If I may but touch his garment, I shall be whole.
   내가 그 분(예수님)의 옷을 만지기만 하면 나을 것이다(마9:21)
   = If I only touch his garment, I shall be made well.(RSV;마9:21)
3. God knoweth your hearts: for that which is highly esteemed among men is abomination in the sight of God.
   하나님께서는 너희 마음을 아신다. 왜냐하면 사람들 사이에서 존경을 받는 것은 하나님께서 보실 때 혐오스러운 일이다(눅16:15)
4. He straitly charged them, and commanded them to tell no man that thing.
   그분(예수님)은 그들에게 엄격히 당부하시면서 이 일을 아무에게도

말하지 말라고 명하셨다(눅9:21)

5. I have fully preached the gospel of Christ.
나는 그리스도의 복음을 힘껏 전했다(롬15:19)

(대)명사를 수식

1. Even a fool, when he holdeth his peace, is counted wise: and he that shutteth his lips is esteemed a man of understanding.
미련한 자도 가만히 있으면 지혜로워 보이고 입술을 다물고 있으면 슬기로워 보인다(잠17:28)
2. Whoever gives to one of these little ones even a cup of cold water because he is a disciple, truly, I say to you, he shall not lose his reward.
내 제자라는 이유로 이 작은 이들 가운데 한 사람에게 냉수 한 그릇이라도 대접하는 사람은 누구든지 자기 상을 잃지 않을 것이다(마10:42)

문장 전체를 수식

Surely, had I sent thee to them, they would have hearkened unto thee.
내가 너를 그들에게 보냈다면 그들은 네 말을 들었을 것임이 분명하다(겔3:6)
= Surely, if I sent you to such, they would listen to you.(RSV;겔3:6)
= It is sure that if I sent you to such, they would listen to you.

빈도, 정도 부사

정 의

빈도(횟수)부사 : how often에 대한 대답을 나타내는 부사(always, often, never, sometimes, seldom)
정도부사 : nearly, almost, barely

위 치

빈도, 정도부사 + 일반동사
be동사 + 빈도, 정도부사
조동사 + 빈도, 정도부사 + 본동사

1. They could barely whisper a prayer.
   그들은 간신히 기도를 바칠 수 있었다(NIV;사26:16)
2. And then will I profess unto them, I never knew you: depart from me, ye that work iniquity.
   그리고 그때 내가 그들에게 분명히 나는 너희를 전혀 알지 못한다고 말하겠다. 다시 말하자면 너희 불법을 행하는 자들아, 내게서 떠나가라.(마7:23)
3. It always protects, always trusts, always hopes, always perseveres.
   그것(사랑)은 언제나 덮어주고 신뢰하며 바라고 견딘다(NIV;고전13:7)

KJV 영문법

Still : 아직(도), 지금도, 여전히(긍정문, 부정문, 의문문)

still + 본동사 be동사 + still
조동사 + still + 본동사 still + 부정조동사

1. He still likes her.
   그는 아직도 그녀를 좋아한다
2. She is still standing there.
   그녀는 지금도 거기서 아직도 서 있다
3. They will still be here tomorrow.
   그들은 내일도 여전히 여기에 있을 것이다
4. We have heard of it many a time, but we still cannot remember it.
   그것을 수 차례 들었지만 아직도 우리는 그것을 기억할 수 없다

Enough : 충분히, (~하기에) 충분할

명사 + enough / enough + 명사; 형용사, 부사 + enough

1. No one looked had compassion enough to do any of these things for you.
   너를 위해 이 일 가운데서 한가지라도 해 줄 만큼 불쌍히 여길 사람이 없다(NIV;겔16:5)
2. You were old enough for love.
   너는 사랑하기에 족할 나이가 되었다(NIV;겔16:8)

Only / Alone

Only + 명사 = 명사 + Alone

1. You only have I known of all the families of the earth.
   나는 모든 민족 중에서 너희만을 알았다(암3:2)
2. This only would I learn of you, Received ye the Spirit by the works of the law, or by the hearing of faith?
   내가 여러분에게서 알고자 하는 것은 오직 이것이다. 여러분이 율법의 행위로 성령을 받았나? 아니면 믿음을 들음으로 받았느냐?(갈3:2)
   = Let me ask you only this: Did you receive the Spirit by works of the law, or by hearing with faith?(RSV;갈3:2)
3. By works a man is justified, and not by faith only.
   사람은 단지 믿음으로만이 아니라 행함으로 의롭다고 인정받는다(약2:24)
   = A man is justified by works and not by faith alone.(RSV;약2:24)

Already

긍정문 : 이미, 벌써, 지금까지(부정문, 의문문에서는 yet로 변함;be 동사와 함께 사용하는 것을 제외하고 보통 완료형으로 사용하며, 단순 과거형으로 사용하지 않음)

Lift up your eyes, and look on the fields;for they are white already to harvest.
눈을 떠서 들판을 바라보라. 왜냐하면 그것들(곡식)이 다 익어 추수

할 때가 이미 되었기 때문이다(요4:35)

부정문, 의문문 : 벌써, 이렇게 빨리(놀람, 뜻밖임)

Has the train arrived already? 기차가 벌써 도착했어

Yet

부정 : 아직(문미나 부정어 바로 뒤)

The work is not yet finished.
그 일은 아직 끝나지 않았다

의문문 : 이미, 벌써, 아직(문미)

Aren't they ready yet?
그들은 아직 준비가 안되었니

긍정문 : 아직도(still)

Say not ye, There are yet four months, and then cometh harvest?
너희는 아직 넉 달이 더 있어야 추수 때가 온다고 하지 않았느냐?(요4:35)

타동사와 부사

타동사 + 부사 + 목적어(명사)
타동사 + 목적어(명사) + 부사
타동사 + 목적어(대명사) + 부사
자동사 + 전치사는 타동사구로 쓰이므로 자동사와 전치사를 분리시킬 수 없음(Look at her. Look at the girl.)

1. I have put off my coat;how shall I put it on?
   내가 옷을 벗었는데 다시 입어야 하나(아5:3)
   = I have taken off my robe ~ must I put it on again?(NIV;아5:3)
2. So they drew up Jeremiah with cords, and took him up out of the dungeon.
   그래서 그들이 밧줄로 그(예레미야)를 들어올려 지하감옥에서 끌어내었다(렘38:13)
   = Then they drew Jeremiah up with ropes and lifted him out of the cistern.(렘38:13)
   = They pulled him up with the ropes and lifted him out of the cistern.(NIV;렘38:13)

도 치

부정목적어 + 조동사 + 주어 + 본동사

The cruel man showed no mercy. = No mercy did the cruel man show.
그 잔인한 남자는 아무런 자비심도 베풀지 않았다(고전3:11)

보어 + 동사 + 주어

Great are your purposes and mighty are your deeds.
당신의 작정은 위대하시고 당신의 역사는 권능이 있습니다(NIV;렘 32:19)

부사 + 주어(대명사) + 동사

Here it is. = Here you are.
저 여기 있습니다

부사 + 동사 + 주어(명사)

Here is wisdom.
여기에 지혜가 있다(계13:18)

타동사:부사(구), 부정부사 + 조동사 + 주어 + 본동사

1. Scarcely for a righteous man will one die.
   의로운 사람을 위해서 죽을 사람은 거의 없다(롬5:7)
   = Why, one will hardly die for a righteous man.(RSV;롬5:7)
   = Very rarely will anyone die for a righteous man.(NIV;롬5:7).
2. As I live, saith the Lord GOD, surely because my flock became a prey, and my flock became meat to every beast of the field, because there was no shepherd, neither did my shepherds search for my flock, but the shepherds fed themselves, and fed not my flock.
   야훼 하나님께서 말씀하셨다. 내가 살아 있는데도, 분명히 내 양무리가 약탈물이 되었고 들의 모든 짐승들에게 먹이가 된 것은 목자가 없었기 때문이다. 또 내 목자들이 내 양무리를 찾지도 않고 자신들만 먹고 내 양무리는 먹이지 아니하였기 때문이다(겔34:8)

성 · 경 · 책 · 목 · 록

구약성경(The Old Testament)

책	명	약 자	발음기호
창 세 기	Genesis	창 Gen.	줴니씨스
출 애 굽 기	Exodus	출 Exod.	엑써더스
레 위 기	Leviticus	레 Lev.	(을)리뷔티커스
민 수 기	Numbers	민 Num.	넘벌즈
신 명 기	Deuteronomy	신 Deut.	듀 - 뤄롸너미
여 호 수 아	Joshua	수 Josh.	좌슈워
사 사 기	Judges	삿 Judg.	줘쥐즈
룻 기	Ruth	룻 Ruth.	루 - 쓰
사 무 엘 상	I Samuel	삼상 I Sam.	펄스트 쌔뮤얼
사 무 엘 하	II Samuel	삼하 II Sam.	쎄컨드 쌔뮤얼
열 왕 기 상	I Kings	왕상 I Kgs.	펄스트 킹즈
열 왕 기 하	II Kings	왕하 II Kgs.	쎄컨드 킹즈
역 대 상	I Chronicles	대상 I Chron.	펄스트 크롸니클즈
역 대 하	II Chronicles	대하 II Chron.	쎄컨드 크롸니클즈
에 스 라	Ezra	스 Ezra.	에즈뤄
느 헤 미 야	Nehemiah	느 N도.	니 - 어마이어
에 스 더	Esther	에 Esther.	에스털
욥 기	Job	욥 Job.	조웁
시 편	Psalms	시 Ps.	쌈 - 즈
잠 언	Proverbs	잠 Prov.	프롸붜-ㄹ브즈
전 도 서	Ecclesiastes	전 Eccles.	이클리-지애스티-즈

책	명	약 자	발음기호
아 가	Song of Solomon	아 S of S.	쏭 어브 쌀러먼
이 사 야	Isaiah	사 Isa.	아이제이어
예 레 미 야	Jeremiah	렘 Jer.	줴뤄마이어
예레미야애가	Lamentations	애 Lam.	(을)래맨테이션즈
에 스 겔	Ezekiel	겔 Ezek.	이지 - 키얼
다 니 엘	Daniel	단 Dan.	대니얼
호 세 아	Hosea	호 Hos.	호우지어
요 엘	Joel	욜 Joel.	조우얼
아 모 스	Amos	암 Amos.	에이머스
오 바 댜	Obadiah	옵 Obad.	오우버다이아
요 나	Jonah	욘 Jonah.	조우너
미 가	Micah	미 Micah.	마이커
나 훔	Nahum	나 Nahum.	네이험
하 박 국	Habakkuk	합 Hab.	하바컥
스 바 냐	Zephaniah	습 Zeph.	제풔나이어
학 개	Haggai	학 Hag.	해가이
스 가 랴	Zechariah	슥 Zech.	재커롸이어
말 라 기	Malachi	말 Mal.	맬러카이

성 · 경 · 책 · 목 · 록

신약성경(The New Testament)

책	명	약 자	발음기호
마 태 복 음	Matthew	마 Matt.	매쓔 -
마 가 복 음	Mark	막 Mark.	마 - ㄹ크
누 가 복 음	Luke	눅 Luke.	루 - ㅋ
요 한 복 음	John	요 John.	좐
사 도 행 전	Acts	행 Acts.	액츠
로 마 서	Romans	롬 Rom.	로우먼스
고 린 도 전 서	I Corinthians	고전 I Cor.	펄스트 커륀씨언즈
고 린 도 후 서	II Corinthians	고후 II Cor.	쎄컨드 커륀씨언즈
갈 라 디 아 서	Galatians	갈 Gal.	걸레이션즈
에 베 소 서	Ephesians	엡 Eph.	이퓌 - 전즈
빌 립 보 서	Philippians	빌 Phil.	필리피언즈
골 로 새 서	Colossians	골 Col.	컬라션즈
데살로니가전서	I Thessalonians	살전 I Thess.	펄스트 쎄썰로우니언즈
데살로니가후서	II Thessalonians	살전 II Thess.	쎄컨드 쎄썰로우니언즈
디 모 데 전 서	I Timothy	딤전 I Tim.	펄스트 티머씨
디 모 데 후 서	II Timothy	딤후 II Tim.	쎄컨드 티머씨
디 도 서	Titus	딛 Tit.	타이터스
빌 레 몬 서	Philemon	몬 Philem.	필리 - 먼
히 브 리 서	Hebrews	히 Heb.	히 - 브루 - 즈
야 고 보 서	James	약 Jas.	줴임즈
베 드 로 전 서	I Peter	벧전 I Pet.	펄스트 피 - 뤄

책	명	약 자	발음기호
베드로후서	II Peter	벧후 II Pet.	쎄컨드 피 - 뤄
요한일서	I John	요일 I John.	퍼스트 좐
요한이서	II Jonh	요이 II John.	쎄컨드 좐
요한삼서	III Jonh	요삼 III John.	써-ㄹ드 좐
유다서	Jude	유 Jude.	쥬 - 드
요한계시록	Revelation	계 Rev.	뤠붤레이션

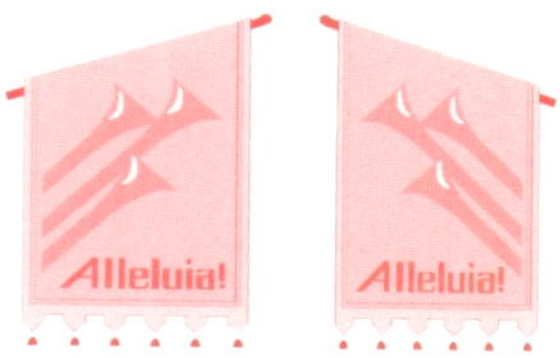

성경과의 만남
킹 제임스 성경 영문법

2011년 10월 15일 2쇄 발행

지은이 | 함시영
펴낸이 | 박영호
펴낸곳 | 도서출판 솔로몬

주소 | 서울시 동작구 사당 3동 207-3 신주빌딩 1층
전화 | 599-1482
팩스 | 592-2104
직영서점 | 596-5225

등록일 | 1990년 7월 31일
등록번호 | 제 16-24호